Thomas Magosch

Lesereise Bulgarien

Thomas Magosch

Lesereise Bulgarien

Das gebrauchte Zepter am goldenen Sandstrand

Picus Verlag Wien

Grafische Gestaltung: Dorothea Löcker, Wien
Umschlagabbildung: © Tips Images / F1 ONLINE
Druck und Verarbeitung: Remaprint, Wien
ISBN: 978-3-85452-956-9

Informationen über das aktuelle Programm
des Picus Verlags und Veranstaltungen unter
www.picus.at

Inhalt

Taksi

Eine Rundfahrt durch die Befindlichkeiten des Personentransports

Am Anfang steht immer die Angst, beschissen zu werden. Übers Ohr gehauen, abgezockt, ausgenommen und womöglich noch eines Organs beraubt. Vor dem Einsteigen in ein Taxi auf dem Balkan lässt man sämtlichen Vorurteilen freien Lauf. Kurz nach der Ankunft, sei es am Flughafen oder auf dem Bahnhof, zischeln vierschrötig-zwielichtige Menschen, ausschließlich Männer, mit einer abgerauchten Zigarette im Mundwinkel und der Betonung auf der zweiten Silbe, dem Ankömmling »Taxxíi« vor die Füße. Der potenzielle Fahrgast wird eingekreist, räumlich umklammert, dezent und doch ohne Fluchtmöglichkeit. Körperlich und mit allen Poren. Und wenn nicht gerade ein untersetzter Einheimischer mit einem selbst gemalten Pappschild aus der Menge auftaucht, auf dem in infantilen lateinischen Lettern »Chotel …« oder »NGO soundso« gekritzelt steht, oder einen die gequält freundlich lächelnde TUI-Stewardess im Minirock, die Busnummer auf ihrem Tableau, entgegengrinst, steht man jetzt unter Zugzwang. So war das zumindest früher. Die Zeiten, als Taxifahren in den Brachialmedien als Spießroutenlauf bis hin zur potenziellen Organspendefahrt galt, sind zumindest in Bulgarien, oder sagen wir in Sofia, größtenteils vorbei. Das Abenteuer ist einem gesicherten, nahezu reibungslosen Ablauf gewichen. Die Taxameter sind geeicht, was nicht immer heißt, dass sie deshalb frei von Manipulation sind, die Fahrer platzieren ihre von der jeweils zuständigen Kommune autorisierten Ausweise mit Buntlichtbild sichtbar im Fond, Rauchen ist verboten, ganz offiziell und meistens. Die Autos sind neu und japanischer Bauart, Ladas finden sich nur noch vereinzelt und werden nur noch von Ethnotouristen benutzt, die gerne landestypisch oder retrospektiv chauffiert werden wollen.

Auch die Preise haben angezogen. Früher, und dieses »früher« ist vielleicht drei Jahre her, waren »Taxi und Schnaps am billigsten in Bulgarien«, wie das unsere Freundin Ana Dimova einmal salopp ausdrückte. Fahren wir also früher einmal mit, zum Beispiel durch Sofia. Oder besser: Steigen wir früher einmal ein, die Distanz zum Heute ist geringer, als man denkt.

Wir starten irgendwo außerhalb. Ботевградско Шосе vielleicht, dort wo ein sozialistisch-futuristisch wirkender Turm an regelmäßige willkürliche Polizeikontrollen aus den Achtzigern erinnert, gegenüber das Graffiti über den Fenstern der ersten Etage: »Не искам Kommunism«, ein typisches Nachwendegraffiti, das trotz mehrmaliger Übermalungsversuche immer wieder nachgezeichnet wird. Freilich überwiegen auch an Sofias Häuserwänden heute hauptsächlich sinnleere Sprüche wie »Gwen Stefani« oder »Mitko was here«. Die Botewgradsko ist Ein- und Ausfallstraße der Autobahn in Richtung Osten, zahlreiche Tankstellen auf beiden Fahrbahnseiten, links der Flughafen, zwischen Plattenbauschluchten kleine dörfliche Wohnviertel, unverputzte Einfamilienhäuser, Pferdefuhrwerke, Müll. Über das Brachland neben der Straße werden kleine bunte Plastiktüten geweht, die sich in verkümmerten Zaunresten, abgestorbenen Sträuchergruppen verfangen. Die vierspurige Straße ist baulich getrennt durch Straßenbahnschienen. Hier, auf den letzten Metern der Linie 20, fahren vor allem die alten Triebwagen aus Bonn, Düsseldorf und dem Rhein-Neckar-Verbund um Heidelberg. Die »Haltewunsch«-Hinweisschilder in den Bahnen hat nie jemand abgerissen. Ein Flussbett, jetzt Abwasserkanal, quert die Straße im Neunzig-Grad-Winkel unterirdisch, die Ampeln haben neue Sekundenzählvorrichtungen neben den Signallichtern. »Eine bulgarische Innovation«, wie mir eine junge Dame weismachen will. Die gelb lackierten Wagen sind alt und älter. Sie stehen in einer Seitenstraße, auf der Rechtsabbiegespur. Die Richtung ist vorgegeben: Es geht ins Zentrum, wenn man rechts abbiegt. Wenn man denn wohin wollte von hier aus, muss es dorthin sein. Das Zentrum ist nicht weit, vielleicht vier Kilometer Luftlinie, es ist bis auf das Hindernis einer künstlich überdimensionierten Brückenkonstruktion und den obligatorisch fehlenden Bürgersteigen bequem in einer halben Stunde zu Fuß zu erreichen.

Sofia ist nicht groß. Bei günstigem Dunst und Lichteinfall von oben sieht man nach wenigen Hundert Metern die Kuppeln der Newski-Kathedrale glänzen. Da wollen wir hin. Erst mal. Und gehen die gelben Wagen ab, ohne auch nur das geringste Anzeichen von Interesse zu zeigen. Meistens gehen wir vorbei und treten die Grasnarbe in Richtung Innenstadt breit, in Erwartung eines fahrenden Mitnehmers. Das ist sicherer, verspricht ein schnelles und komplikationsloses Einsteigen ohne große Worte und Verhandlungen. Wartende Taxifahrer, vor allem lang wartende Taxifahrer in den Vororten, brauchen Geld. Sind auf schnelle, hohe Summen angewiesen. Also winken wir in die zwei Spuren hinein und fischen ein älteres Modell aus dem Fließverkehr. Es ist ein Lada, Modell 2104, eine schöne Kombiversion, eines der begehrtesten und meistgestohlenen Autos in Bulgarien trotz der westlichen Konkurrenz, da es vor allem als Transportfahrzeug sehr geschätzt wird. Baujahr irgendwann Anfang der Achtziger, die Sitze können sich an die zahlreichen Geschichten derer, die auf ihnen saßen, nicht mehr erinnern, so abgeschabt und ausgesessen wirken sie. Die Beifahrertür ist leicht verbeult, Flugrostflecken und Lackschäden lassen den Lada ein wenig scheckig aussehen. Dinge, die in Bulgarien niemanden stören an Fahrzeugen. Der Wagen hat einen Zweck zu erfüllen, er hat eine vor allem technische Aufgabe. Der Komfort und das »Ansehen«, das Auto als zu polierendes Statussymbol, sind erst langsam im Kommen. Es gibt keine Kopfstützen, der Fahrer grinst breit, eine angerauchte Kippe hängt im rechten Mundwinkel. Die Flacons in den Lüftungsschlitzen fehlen, Duftbäume auch. Noch. Es riecht nach Gas. Die meisten Taxis fahren hier mit Gas. Man kann dann zwar kein Gepäck transportieren, weil es sich um Nachrüstsätze handelt und der Gastank oft mehr als die Hälfte des Kofferraums einnimmt, aber die Treibstoffkosten halten sich in Grenzen, und ganz nebenbei schadet man der Umwelt weniger, was hier allerdings niemanden interessiert. Immer wieder kursieren Meldungen wie jene, dass auf der Strecke nach Plowdiw ein Taxi mit vier Insassen explodiert sei. Man vermutete eine brennende Kippe als Ursache der Katastrophe. Sicherheitsstandards gab es in Bulgarien auch vor dem EU-Beitritt schon. Die alljährliche Überprüfung kostet heute im Schnitt zehn Lewa mehr. Geprüft wird selten. Zumeist wird ein Stempel verliehen, was das gelbe Fahrzeug ausreichend versichert. Auch beim offiziellen TÜV hat sich da wenig geändert. Die Plakette erhält man schon mal über telefonische Ferndiagnose. Abgeholt wird sie vom Nachbarn. Die Hauptsache ist, dass Bremsen und Licht funktionieren.

»Wohin?« Der Satz ist grammatikalisch komplett. Mehr muss man nicht wissen. Bulgarische Taxifahrer sind ebenso auskunftsfreudig wie Berliner, Leipziger oder Kölner Chauffeure. Sie sprechen wenig, die Dienstleistung besteht aus dem Fahren von A nach B, nicht im Bespaßen der Gäste oder als Touristenführer. Bei Ausländern ist das naturgemäß ein wenig anders, in der Provinz sowieso, aber auch in Sofia. Da überwiegt hin und wieder die Neugier, warum es den Fremden denn hierher verschlagen habe. Die Frage wird oft aus einer tendenziell Unverständnis heuchelnden Perspektive gestellt. Was soll man hier schon verloren haben, in diesem ärmsten, aber schönsten Land Europas. »Deutschland« ruft als Herkunftsland meist wohlwollend skeptisches Interesse hervor. Etwa in der Art: »Ach Deutschland. Da kenne ich auch jemanden.« Und das ist – so ganz nebenbei – eine der Quintessenzen der bulgarischen Existenz. Das Land ist nicht sehr groß. Insgesamt leben derzeit siebeneinhalb Millionen Menschen in Bulgarien. Die meisten von ihnen in urbanen Ballungsräumen. Dennoch ist das Land ein Dorf. Geht man beispielsweise mit einem Bekannten auf die Handwerksmesse im NDK, dem Palazzo Prozzo Sofias, und trifft innerhalb einer Stunde keinen Bekannten eines Bekannten, so ist das höchst ungewöhnlich. »Ihr habt ziemlich viele Bulgaren in Deutschland. Ich kenne da ein paar«, sagt er noch. Dann schweigt er wieder, der Fahrer. Doch manchmal spricht er weiter und man bekommt eine schöne Geschichte nebenbei erzählt. Zum Beispiel die über die glorreiche Geschichte des Landes mit dem größten Goldschatz der Welt, dem ältesten Staat der Welt, durch dessen Hauptstadt wir kurven, ein Staat, in dem der Computer erfunden wurde und aus dem die besten Tomaten der Welt stammen. Dezent nationalistisch überhöhte Essenzen ohne Aussage. Chauvinistische »Wessis« nennen so etwas »Minderwertigkeitskomplex«. Es geht weiter im Gespräch, über das Kaff, aus dem der Fahrer stammt und wo es nicht so viel Verkehr gibt wie hier und das Leben zwischen Tomatenstöcken, Kirschbäumen und Schafen noch in Ordnung zu sein scheint. Oder über den heiligen Iwan Rilski, dessen Bild ausgebleicht auf ein Stück Holz geklebt an einer alten Lederschnur am Rückspiegel hängt, die Revolutionäre Wassil Lewski oder Christo Botew, für den immer noch alljährlich die Sirenen heulen. In Bulgarien ist eine Taxifahrt immer auch ein kurzer Exkurs in die großartige Geschichte des Landes. Ein Crashkurs zwischen Ampelphasen und Schlaglöchern.

Bis auf wenige feine Unterschiede, was Automarke, Alter und Zustand der Karosserie, Innenausstattung, Art der Beduftung des Innenraums und so weiter betrifft, fahren wir in lima- bis dottergelben Wagen mit schwarz-weiß karierten Streifen als Bauchbinde um die Karosserie, die man aus dem Land der Vorbilder und Trugschlüsse geklaut hat. Wir fahren mit, auf Straßen mit Löchern so groß wie Bombentrichter, in denen metertief das Wasser steht, in atemberaubender Geschwindigkeit, in Vehikeln, wo man Tempo noch ganzkörperlich spürt und wo man den Herrn preist, bei Sonnenaufgang, in Richtung Osten. So fühlen wir uns und so lassen wir uns fahren durch die Bilder unserer Vorurteile, die real werden im Angesicht roter Ampeln. Taxifahrer in Sofia sind Meister im »über die Kreuzung schleichen« in der Grünphase der Gegner. Die Linksabbiegespur wird grundsätzlich von rechts in voller Fahrt überholt. Und das Ampelzeichen springt im letzten Moment zuverlässig und wie bestellt auf das sichere Grün. Wir sind vorne und kriegen die Kurve noch vor dem Einkuppeln des ersten Gangs des geradeaus fahrenden Gegners. Immer wieder. Wobei man »Gegner« auf bulgarischen Straßen nicht überinterpretieren darf. Zwar geht es im Vergleich zum stur-spießigen Regelverkehr auf deutschen Straßen durchaus chaotisch zu, doch fügt sich das Chaos gar wunderlich in- und zueinander. Die Unfallstatistiken in Ballungsräumen weisen im Vergleich zu westlichen Großstädten keine signifikanten Amplituden auf. Was naturgemäß auch am weitaus geringeren Verkehrsaufkommen liegen mag. Und die »Gewinner« an den Ampeln sind die Rücksichtslosesten oder die mit den größeren Autos. Es herrscht das Recht des Stärkeren. PS- und Gelddarwinismus im offenen Wettstreit mit Dreistigkeit und Regelverstoß. Zumindest auf den Straßen und im eigenen Auto traut man sich noch was in Bulgarien.

Die Bezeichnungen der Taxifirmen sind einfallslos, ähnlich wie die Produktbezeichnungen von Konsumgütern in den Jahren vor der Hinwendung zum Kapitalismus. Da wurde eine Waschmaschine mit der Bezeichnung »Waschmaschine« versehen, und ein Schokoriegel auch nur scheinbar durch Produktnamen wie »Meer« aufgepeppt. Das Attribut »Eko« ist ein relativ neues und auch in anderen Branchen attraktiv belastetes. Der Schriftzug ist – ebenso wie anderswo – auch auf den Taxis grün. Ansonsten benennt sich eine Taxifirma gerne mit der Automarke. Das heißt, übergeordnet zumindest, denn auch hier sind die Taxifahrer selbständig organisierte Familienunternehmen wie in Deutschland und heißen beispielsweise »ET Dessislava Iwanova«, was naturgemäß in Kyrilliza und zumeist auf der rechten Beifahrertür in kleinen schwarzen Buchstaben aufgeklebt zu lesen ist. Wir fahren also mit Automarken Ауди / Audi beziehungsweise Деу / Daewoo oder es ist die vermeintliche Geschwindigkeit zu lesen, mit der hier Aufträge erledigt werden: Експрес. Unser Taxi trug einmal eine Aufschrift. Schemenhaft ist Елфи zu erkennen. Das muss Jahre her sein. Die Tür schlägt man mit beträchtlichem Kraftaufwand zu, oder man hebt sie leicht an, damit sie in den rostigen Rahmen findet. Nach »hart zuschlagen« klingt das dann, die Innenverkleidung sitzt gelinde gesagt locker, das Gestänge des Sitzes findet einen direkten

Weg an den Steiß, das Fenster ist vorsichtshalber einen Spalt geöffnet und lässt sich weder rauf- noch runterkurbeln, nach einem Gurt fragt man nicht, sonst wird man erkannt, als Fremder oder als Auswärtiger. Geahndete Gurtpflicht herrscht hier nur auf Landstraßen und auch nur dann, wenn die Polizeipatrouille Geld braucht. Auch wenn offiziell aufgrund der allgemeinen Sicherheit und der offiziellen Vorschrift naturgemäß immer mehr darauf geachtet wird und die Bestechung der Landstraßenkontrolleure immer mehr zum Anekdotenschatz des »damals wilden Balkan« gehört. In seiner Zeit als Ministerpräsident fuhr der Ex-Zar Simeon Sakskoburggotski immer schön angeschnallt auf dem Rücksitz seiner Regierungslimousine, die zudem ohne Blaulicht durch die Straßen fuhr, was nicht wenige Bulgaren befremdlich fanden. Erstens, weil viele nicht verstanden, weshalb er die ihm zustehenden Privilegien nicht ausnutzte, zweitens, weil sie sehr befremdlich fanden, dass er sich anschnallte.

Wir fahren los in unserer gelben, verrosteten, alten Ladaschüssel, die leuchtenden Kuppen der Newski-Kathedrale fest im Blick. Wir fahren im dritten Gang, gerade so, als wären wir nie stehen geblieben.

Direkt gen Himmel

Beobachtungen vor und hinter bulgarischen Klostermauern

Der Bart ist das äußerliche Zeichen höherer Heiligkeit in der orthodoxen Kirche. Nicht nur dort, aber orthodoxe Mönche und Priester tragen lange Bärte und lange Haare, die sie sich oft nur mit Haushaltsgummis zu Pferdeschwänzen zusammenbinden. Mitunter wirkt das ein wenig ungepflegt. Seinen Ursprung hat die Haartracht im »Leviticus«, dem dritten Buch Mose, wo es heißt: »Ihr sollt euer Kopfhaar nicht rundherum abschneiden. Du sollst deinen Bart nicht stutzen.«

Der Mönch Nektarin ist noch jung. Sein Bart noch nicht allzu lang. Er wirkt eher pubertär bescheiden, so als könnte er sich noch nicht entscheiden, Bart zu werden. Man würde den Dreißigjährigen am Tor zum Kloster im ersten Moment nicht als Mönch identifizieren. Er trägt kurze Hosen und ein Batik-T-Shirt und wirkt fast wie ein Tourist, der sich als Pilger in die abgelegenen Höhen des Balkangebirges zurückgezogen hat. Wir sind im Kloster Gloshene, nördlich des Balkan-Hauptkammes, in einer weichen Hügellandschaft. *Stara Planina,* »Altes Gebirge«, wie man den Balkan in Bulgarien nennt, verleiht der ganzen südosteuropäischen Region ihren Namen und ist als Pars pro Toto zumeist negativ konnotiert. In den angrenzenden Ländern, in Europa und der Welt.

Außerhalb Bulgariens. In Bulgarien selbst verbindet man mit »Balkan« fast ausschließlich Positives, sieht man von den globalen Vorurteilen gegenüber exklusiven Bergbewohnern einmal ab. Der höchste Orden, den der Staat zu vergeben hat, trägt die Bezeichnung des Gebirges, auf den Höhenzügen fanden wichtige Schlachten im Befreiungskampf gegen die Osmanen statt, die Winkel und Schluchten dienten den Revolutionären als Versteck. So auch in Gloshene. Im Gegensatz zu den anderen häufig organisch in die Landschaft eingebetteten bulgarischen Klöstern thront das dem heiligen Georg geweihte Refugium wie eine kleine Wehrburg auf einem Felsvorsprung über der Ebene mit dem Künstlerdorf Teteven. Diese exponierte Lage nimmt man aber nur aus der Entfernung wahr. Je näher man dem Kloster kommt, desto mehr scheint es zu entschwinden, aus dem Blick zu geraten. Dabei boomt auch in Bulgarien der Kloster-Tourismus und die Hinweisschilder auf allen möglichen Zufahrtsstraßen sind nicht zu übersehen. Gelegentlich weisen sie auch direkt gen Himmel, was womöglich daran liegt, dass sie nicht besonders gut befestigt sind. Klösterliche Ausflüge, womöglich für Manager oder gestresste Beamte der mittleren Führungsebene, als Kreativ-Camp, für Yogakurse oder zum Fingerfarbenmalen, sind noch nicht sehr weit verbreitet. Bulgarische Klöster geben sich ursprünglich und einfach. Oftmals aus einem ganz einfachen Grund: Es fehlt das nötige Geld.

Auf dem Boden der kleinen Porzellantassen sind halb nackte Frauen abgebildet, die erst zu erkennen sind, wenn der Tee, der aus diesen Tassen getrunken werden sollte, zur Neige geht. Die beiden alten Mönche mit ihren zerfransten grauweißen Bärten grinsen schelmisch und zwinkern ein wenig schmierig mit den Augen. Sie servieren keinen Tee. Das klare, hochprozentige Wässerchen in den Tassen lässt die gemalte Nacktheit auf dem Porzellan mehr als erahnen. Ein Bubenstreich unter Graubärtigen. Den Rest des Tages sind die beiden mit Restaurierungsarbeiten an »ihrem« Kloster beschäftigt. Das Preobrashenski Manastir ist ein besonderes Kleinod in der Klosterwelt Bulgariens. Für eine dem Alter des Bauwerks entsprechende Renovierung reicht das Geld der Synode allerdings nicht aus. Mittlerweile tummeln sich zwar zahlreiche internationale Stiftungen im nahen Weliko Tarnowo, die sich frei nach dem Motto »Unser Dorf soll schöner werden« vor allem um die touristischen Hotspots in der Innenstadt kümmern. Aber eine wichtige und notwendige Hilfe, keine Frage. Irgendwann werden auch die zahlreichen Klöster noch in den Genuss denkmalerhaltender Zuwendungen kommen. Vorerst wird jedoch selbst Hand angelegt. Mit feinen, gehaltvollen Pausen.

Nektarin verabschiedet den Tag im Schneidersitz auf den Klostermauern meditierend. Die Szenerie bekommt etwas kitschig Esoterisches und verschärft sich noch, als der Novize uns von seinen ersten übersinnlichen Erfahrungen erzählt. Visionen von Gott in den Schluchten des Balkan. Er erzählt von seiner Ethnopop-Kassettensammlung und seinen Freunden aus dem Seminar in Sofia. Die Mönchsberufung scheint eine sehr lockere und offene Angelegenheit zu sein. In Wirklichkeit kämpft die bulgarische Kirche mit einem massiven Nachwuchsproblem. Das liegt zum einen an der wachsenden Konkurrenz der »neuen« Kirchen, die sich in Bulgarien niederlassen und die nicht selten sektenhaften Charakter aufweisen. Nach der politischen Wende ist der »Markt der Religionen« auch in Bulgarien heiß umkämpft. Und die oftmals als »heidnisch« bezeichnete Religiosität der Bulgaren scheint auf fruchtbaren Boden zu fallen. Zum anderen liegt es an den starren und alten Strukturen der Synode in Sofia unter ihrem greisen Patriarchen Maxim.

In den Klöstern findet man Mönche unterschiedlichster »Berufsgruppen«. Wie beispielsweise im Backovo-Kloster bei Plowdiw den Mönch I., der in seinem früheren Leben Telekommunikationselektroniker war. Auch viele Quereinsteiger, die unter dem autoritären System Schiwkows nicht zurechtkamen und Schutz in der Kirche suchten, findet man bei den Ordensbrüdern.

Bulgarische Klöster waren das Zentrum und der maßgebliche Motor der bulgarischen Befreiungskämpfe Mitte des 19. Jahrhunderts. Sie fungierten als Volksschulen und aus dem Kreis der bulgarischen Mönche entsprangen ein paar der wichtigsten revolutionären Köpfe dieser Zeit. Auch Wassil Lewski, der große Revolutionär und Staatspatron, der als Mönch den Namen Ignatiji trug, soll im Kloster Gloshene einige Male Unterschlupf vor den osmanischen Häschern in den Wirren des Befreiungskampfes gesucht haben. Ein kleiner Raum mit wenigen Bildern an den Wänden erinnert daran. Im Fußboden eingelassen befindet sich eine kleine

Falltür. Der Gang mündet in einen unterirdischen Stollen, der einstmals ins Freie geführt haben soll. Hier soll Lewski sich in brenzligen Situationen versteckt gehalten haben, im »Revolutionärsstollen«. Die Öffnung wird heute als eine Art mythischer Ort verehrt und bei jeder Gelegenheit wirft man Münzgeld in das dunkle Loch. Wie ja Münzen weltweit bevorzugt an sagenumwobenen Ecken fallen gelassen werden.

Die »Mythen« spielen eine wichtige Rolle in der Ausschmückung der Klostergeschichten. Neben den »manifesten« beispielsweise kunsthistorischen Zeugnissen schwirren unzählige Randerzählungen um bulgarische Klostermauern, die schwer zu verifizieren sind. Glaubt man beispielsweise den Erzählungen – oder nennen wir sie ruhig historischen Gerüchten – über Lewski, so hätte der Freiheitskämpfer Zeit seines Lebens nichts anderes zu tun gehabt, als bulgarische Klöster zu besuchen und darin zu nächtigen. Wichtig und beliebt sind auch die Heilsgeschichten der jeweiligen Wunderikonen oder die Heilkraft der den Klöstern nahe gelegenen Quellen und Bäche oder der im Klostergarten wachsenden Pflanzen.

Die Rolle des Glaubens ist in Bulgarien eng verknüpft mit einer Art ländlicher Frömmigkeit und einem ausgeprägten Hang zum Übernatürlichen. Das bringt zum einen für ungeschulte Augen absurde Situationen mit sich, wenn beispielsweise Pilger Sickerwasser in alten Joghurtbechern aufzufangen suchen, andererseits schlägt sich der Naturglaube massiv in den Speisekarten und den Kräuterkarten für selbst gemischte Tees und Salben nieder.

Naturmedizin ist in Bulgarien keine Modeerscheinung, sondern seit Jahrhunderten fester Bestandteil jedes Haushalts. Heutzutage verwässert das kommerzielle Angebot naturgemäß die Hausapotheke, aber vor allem bei den Nonnen und Mönchen wird das Wissen über Bedeutung und Anwendung von Heilpflanzen und heiligen Quellen bewahrt und gepflegt. Und ebenso die Mythen darüber. Klöster und ihre Umgebung sind und waren heilige Orte, oft lang vor der institutionalisierten Erschließung durch die Kirche. Sie sind aber ebenso beliebte Ausflugsziele, Orte, an und mit denen man sich und sein Image identifiziert und präsentiert, Orte zum »Sehen und Gesehen werden«. In der bulgarischen Öffentlichkeit schmücken sich neben Intellektuellen auch gerne Politiker oder Schauspieler mit einem »Lieblingskloster«. Der Society-Faktor und Freizeitrummel hat einige Refugien bereits erfasst und in den Klöstern nahe der Hauptstadt findet man nicht selten Plastik-Maschinengewehre für Kinder auf den zahlreichen Verkaufsständen vor dem Eingang zur Kirche. Selbst Zimmer mit Videorekordern und hauseigener Videothek haben bereits Einzug in die Parzellen gefunden. Das sind noch vereinzelte Randerscheinungen. Gott sei Dank.

Nektarin, einst Novize des Gloshene-Klosters, ist heute dessen leitender Abt. Das Kloster ist zum Tourismusmagneten aufgestiegen. Die Straße nach oben ist noch immer einspurig und kurvig, an ihrem Ende befindet sich jetzt ein gebührenpflichtiger Parkplatz mit Busparkparzellen. Sogar ein Toilettenhäuschen mit Duschen für die Fahrer wurde installiert. Noch vor dem Eingang ins Kloster hat man die Möglichkeit, auf einer geräumigen Holzterrasse zu speisen und zu trinken. Die Klosterzellen sind modernisiert, an der historischen Holzfassade sind Satellitenschüsseln montiert, die Nassräume schick gefliest. Nektarin hält an Sonn- und Feiertagen einmal pro Stunde einen kurzen Vortrag über das Kloster. Eigentlich ist es ein Rundlauf, denn er hetzt von einer Ecke zur anderen, hält eine kurze Ansprache und eilt weiter, immer eine Traube von Menschen im Schlepptau. An Tagen mit schönem Wetter machen viele Sofioter einen kurzen Abstecher ins Kloster, das an der letzten Ausfahrt der Autobahn vor der Hauptstadt liegt. Nektarin überwacht parallel dazu den Verkauf der Kerzen und ermahnt die Besucher, die Gebühr für das Fotografieren und Filmen zu entrichten. Hinweisschilder über die Höhe der Kosten kleben an allen Ecken der Klostermauern. Die gezahlten Beträge liegen offen auf Beistelltischen und Regalen herum. Der Ort hat an Atmosphäre eingebüßt, an Flair, an Besonderheit. Geweihte Eventgastronomie, pittoresker Schnappschuss mit Kerze als Andenken, das sind nur ein paar Zeilen, die einem spontan zum heutigen Zustand einfallen. Das Kloster kann andererseits nur so erhalten werden, weiterexistieren. Also unterscheidet es sich heute kaum von anderen touristischen Highlights und Top-Destinationen, wie sie vom Massentourismus nachgefragt und geradezu verlangt werden. Ein bisschen Wehmut kommt auf, wenn deutlich wird, wie besondere Orte, die es in Bulgarien noch so zahlreich gibt, auf diese Art erschlossen werden.

Ungefähr hundertzwanzig klösterliche Einrichtungen werden in Bulgarien noch bewirtschaftet.

Viele davon werden exklusive Refugien der Stille und des Gebets bleiben. Andere, wie das Nationalheiligtum Rila-Kloster, das ganz offiziell ein Betrieb des Kultusministeriums, also quasi ein Museum, ist, werden sich dem Markt und vor allem dem Tourismus weiter öffnen. Bärte müssen dafür nicht fallen. Und wenn es dem Erhalt der kulturhistorisch bedeutenden Stätten dient, ist dagegen nur schwer etwas einzuwenden.

Großmütterchen März

Frühling am Revers – Der schöne Brauch der »Martenizi«

Es ist ein Zeichen der Hoffnung. Traditionell heftet man sich in Bulgarien am 1. März gegenseitig rot-weiße Wollfädchen in ganz unterschiedlicher Knüpfart ans Revers und wünscht sich ganz bescheiden Glück und Gesundheit. Und auch wenn man sich im heutigen Bulgarien zu derartigen Gelegenheiten gerne ein wenig mehr wünschen würde oder sie zum Anlass aktueller Sehnsüchte oder gar Forderungen werden lassen könnte, bleibt die Zeremonie weitgehend unpolitisch, ja farbenfroh naiv und schön. So als wollte man sich den Anlass zum Feiern nicht kaputtmachen lassen und so, als wollte man sich zumindest einen Wunsch, eine Sehnsucht nicht nehmen lassen: die Sehnsucht nach dem Frühling, danach, den Muff des Winters abzulegen, den penetranten Geruch vom Naphthalin der Wintermäntel, wenn man dicht zusammengerückt in den öffentlichen Verkehrsmitteln steht, das Ende des Konservenlebens mit der Aussicht auf die ersten Pflänzchen im Garten oder an den Obstbäumen. In Bulgarien ernähren sich noch immer viele Menschen »saisonal«. Sie essen frisches Obst und Gemüse dann, wenn es wächst beziehungsweise reif ist. Kurz gesagt hat man den Wunsch nach besserem und vor allem wärmerem Wetter.

Dieser Wunsch ist sicherlich in großen Teilen der Welt nachzuvollziehen, zumindest dort, wo man wärmeres Wetter als angenehm empfindet und es nicht als direkten Einfluss des Klimawandels negativ zu spüren bekommt. In Bulgarien, das man ja durchaus zu den südlicheren Ländern zählt, gilt der 1. März als inoffizieller Frühlingsbeginn. Der Tag ist *Baba Marta*, dem wörtlich übersetzten »Großmütterchen März«, gewidmet und wird im ganzen Land wie ein heimlicher Feiertag begangen. Zum Zeichen dieses Tages, zur Besänftigung der etwas launischen alten Märzoma und als Reminiszenz an einen alten Brauch schenkt man sich gegenseitig die sogenannten *Martenizi*, ineinander gedrehte rote und weiße Wollfäden mit zwei kleinen Figuren: Pijo, der Mann, und Penda, die Frau. Die steckt man sich gegenseitig an die Brust oder man bindet sie sich um die Handgelenke. Kern der verschiedenen Deutungen des Brauches um die Bändchen sind die erste Ansiedlung bulgarischer Vorfahren im nördlichen und südlichen Donauraum und die Gründung des ersten bulgarischen Staates 681 nach Christus. Die Söhne des Khan Kubrat waren auf der Suche nach einem neuen, »freien« Land, wo sie sich niederlassen konnten. Ihre Schwester Houba verblieb inzwischen mit dem Bruder Bajan im Herrschaftsraum der einfallenden Chasaren. Sollte einer der Brüder fündig werden, würde er, vereinbarten die Geschwister, als Zeichen einen Vogel mit einem weißen Band am Fuß zu den Zurückgebliebenen senden. Einer der Brüder, Asparuch, ließ einen Falken südlich der Donau aufsteigen, und so floh Houba mit ihrem Bruder zu ihm. Die Chasaren entdeckten die Flucht, und das weiße Band, das Houba als Zeichen an den Fuß des Falken gebunden hatte, färbte sich rot vom Blut des Bruders.

Zumindest die Farbgebung der traditionellen *Martenizi* erinnert an den schaurigen Teil der Legende, auch wenn sie vor allem an den Aufbruch in eine neue Zeit gemahnen. Traditionelle Symbole gehen mit der Zeit, und so findet man heute an den zahlreichen Ständen, die ab Anfang Februar in den Fußgängerzonen jeder größeren Stadt auftauchen, zumeist sonderbare Interpretationen dieser einfachen Quasten. Die Ausführungen mit kleinen angeknüpften Plastikfiguren gehören noch zu den einfacheren Variationen. Auf den Klapptischen der fliegenden Händler – der *Martenizi*-Verkauf ist trotz der geringen Gewinnmarge ein beliebter Nebenerwerb – gibt es die Teletubbies genauso wie aktuelle Disney-Figuren bis hin zu in Plastik gegossenen japanischen Comicgestalten. Vereinzelt, und den Brauch dann völlig verfremdend, tauchen sogar Plastiksoldaten oder kleines Kriegsspielzeug auf, um die man bunte Fädchen gewickelt hat. Auch vor traditionellen Bräuchen macht das Fanartikelwesen nicht halt. Und so sind neben den klassischen Rivalen der bulgarischen Fußballgeschichte, dem ehemaligen Militärverein CSKA Sofia und seinem Konkurrenten Lewski Sofia, auch diverse Stars und Sternchen der regionalen Film- und Gesangsszene auf kleinen Bildchen rot-weiß umrankt zu erwerben. Selbst Michael Jackson wird noch feilgeboten, womöglich aus Restbeständen. Dominiert wird der Markt naturgemäß von regionalen *Chalga*-Idolen, die, sich auf kleinen Bildchen halb nackt räkelnd, sich ganz wunderbar im Einklang mit der Tradition ans Revers pinnen lassen.

Der Frühling lässt sich freilich nicht erzwingen, nicht mit Plastikartilleristen, nicht mit knapp bekleideten Sängerinnen, nicht mit rot-weißen Bändchen. Aber noch mehr als nach einem besseren Leben nach dem EU-Beitritt 2007, das – ganz nebenbei – für den Großteil der Bevölkerung entfernter denn je scheint, sehnt man sich in Bulgarien eben nach Wärme. Durch die auch hier drastisch angestiegenen Energiekosten friert gut die Hälfte der Bevölkerung im Winter. In Teilen Bulgariens wurde während der ukrainisch-russischen Gasblockade 2008 der Notstand ausgerufen. Oftmals kann nur ein einziger Raum in der Wohnung beheizt werden, alles andere würde das geringe Durchschnittseinkommen, das circa zweihundert Euro pro Monat beträgt, überstrapazieren. Selbst in an die Zentralheizung angeschlossenen Platten-Wohnblöcken heizen die Menschen wieder mit Holz und Kohle. Die *Toplofikacia*, das Heizsystem, ist ein grundsätzliches Problem in Bulgarien. Viele Kommunen sind beispielsweise noch gar nicht an das Gasnetz angeschlossen, um zumindest eine Energiealternative zur Kohle oder zu den örtlichen Fernwärmebetrieben zu haben. Es kommt immer wieder vor, dass Heizungsfirmen ganze Häuser vom Netz nehmen, auch wenn nur einzelne Rechnungen nicht bezahlt wurden. Der 1. März beendet da zumindest in den Köpfen die Sorge um die Wohnungswärme.

Martenizi haben mittlerweile durchaus Kultstatus. Das einfache Brauchtum wurde erfolgreich dem Zeitgeist angepasst und nationalistisch aufgeladen, da sich Bulgarien rühmt, die Märzfigürchen als weltweites Alleinstellungsmerkmal ans Revers geheftet zu haben – was so nicht ganz richtig ist. Das Brauchtum gibt es auch in Rumänien und Moldawien, die ihrerseits die »Erfindung« des Brauches für sich beanspruchen und die Tradition auf die Geto-Daker zurückführen.

Von den Legenden hat sich das heutige Brauchtum nördlich wie südlich der Donau weitgehend emanzipiert. Vor allem junge Leute tragen die rot-weißen Armbänder wie Freundschaftsbändchen am Handgelenk. Um dem Eindruck entgegenzuwirken, dass es sich hier um einen Brauch unter Landeiern oder unverbesserlichen Altkadern handeln könnte: In Sofia werden *Martenizi* in der Nacht zum 1. März selbst vor den coolen Szeneclubs verkauft. Jeder beschenkt jeden mit seinen Frühlingswünschen, und so kommt es nicht selten zu einer Wolfgang-Petrysierung des Unterarmes. Der Unterarm des Schlagersängers sah bekanntlich wegen der zahlreichen Freundschaftsbändchen jahrelang keine Sonne. Anders als Petry aber, der seine Stoffbänder erst nach Jahren abschneiden ließ, werden die Bänder der *Martenizi* abgelegt, sobald man einen Storch gesehen hat, das Symbol der Fruchtbarkeit und der Sommerbote schlechthin. Zur Not ist freilich auch ein blühender Baum völlig ausreichend, an dessen Zweige man seine Quasten dann hängt. Vor allem Bäume und Sträucher im Umfeld der Klöster leuchten in der Frühlingszeit daher rot und weiß. Sie sind die ersten Boten des Frühlings, Zeichen der Hoffnung und der Vorfreude auf die nahende Wärme oder zumindest auf besseres Wetter.

Kurswechsel

»Banken sind überhaupt eine Schwäche von mir.« Die zwei Leben des Mönchs Nikanor

Die Gegend ist trostlos. Sie liegt im südwestlichen Abseits von Sofia. Ausgestorbene Dörfer, verfallene LPGs, Industriebrachen. Wer hierherkommt, kommt nicht zufällig oder freiwillig. Seit Kurzem gibt es eine neue Attraktion in der Gegend: das Kloster Sv. Kozma i Damian bei Gigintzi. Dabei ist eigentlich nicht das Kloster die Attraktion, das gibt es schon seit ein paar Hundert Jahren und es schien schon lange kontinuierlich und verlässlich zur Ruine zu verkommen. Die Attraktion ist der Mann, der es zu neuem Leben erweckt. Ein Mann, der sein erstes Leben dem Kapitalismus widmete, an der New Yorker Börse.

»Der Name Nikanor bedeutet, dass es sich um eine Person handelt, die um den Sieg kämpft«, sagt er. Nikanor sitzt auf der Holzbank gegenüber der *Magernitza*, der Klosterküche. Überall laufen Arbeiter über das Klostergelände, Zimmerleute, Maurer, Hilfsarbeiter. Hie und da gibt Nikanor eine kurze Anweisung. Das Kloster ist eine einzige Baustelle. Nur die Küche und die ehemaligen Stallungen sind bislang restauriert. Der Großteil der Arbeiten liegt noch vor ihm. In seinem Leben vor dem Kloster deutete nichts darauf ihn, dass er einmal mit schwarzer Kutte und langem schwarzen Bart sein Leben Gott und wohltätigen Zwecken widmen, geschweige denn ein ganzes Kloster wieder aufbauen würde. Ganz im Gegenteil. Nikanor wuchs in einem anderen System, weitab von Gott und heiligen Orten, auf.

»Als wir Kinder waren, schloss mein Vater gerade sein Studium in Internationalen Handelsbeziehungen ab. Er besaß Bücher über die Wirtschaft im Westen. Wir haben auch ein paar wenige Filme gesehen, die durch den Eisernen Vorhang sickerten, und dieser ›western way of life‹ hat uns sehr beeindruckt. Die Freiheit des Marktes und überhaupt all diese Dinge, die man dort haben konnte.« Nikanor hatte früh Kontakt zum »kapitalistischen System«. Einen recht unbedarften, naturgemäß. »Natürlich spielten wir als Kinder auch Fußball, und Soldaten, und was man eben so spielt. Aber wir hatten auch ein Modell der Börse im Keller. Und wir spekulierten natürlich!« Eine geradezu absurde Situation. Es gibt wahrscheinlich auch heutzutage wenige Familien, die mit ihren Kindern aktuelle Kursentwicklungen nachspielen. Das Börsenboard im Keller kam bei den Nachbarn damals nicht sonderlich gut an. »Wir wurden unter Druck gesetzt.« So etwas gehöre sich nicht im Kommunismus, hieß es. Den gängigen Jugendorganisationen der Partei blieb Nikanor fern. Er wurde schlicht nicht aufgenommen. »Wir interessierten uns sehr für das Börsensystem, das in den Büchern dargestellt war. Und wir haben versucht, es nachzuspielen. Die Ränge, Währungen, Firmen, Profite, einfach alles. Wir haben uns eine Tafel gebaut, auf der alles aufgeführt wurde und wir alle Veränderungen aufzeichnen konnten. Als die Mauer fiel, waren wir also sehr gut vorbereitet auf das, was uns im Westen erwartete, zumindest hatten wir einen gewissen Wissensvorsprung. Es war nicht neu für uns, wir kannten die Konzepte, Systemstrukturen et cetera ...«

Danach ging alles sehr schnell. Nikanor studierte Wirtschaftswissenschaften an der Universität in Sofia. Die Voraussetzungen waren optimal. »An der Uni war ich einer der besten Studenten. Nicht, weil ich von Haus aus so intelligent oder gut war, nein, sondern weil ich diese Erfahrung, diesen Wissensvorsprung hatte. Für meine Kommilitonen war es das erste Mal, dass sie etwas über ›cross-rights‹ oder ›interest parity‹ erfuhren.« Für Nikanor waren das schon alte Hüte. Als er seinen Militärdienst abgeleistet hatte, empfahl ihn sein Uniprofessor einer der ersten Investment-Gesellschaften in Bulgarien, und er schloss sich ihr an. »Mir wurde dann eine bessere Position bei einer Bank angeboten. Banken sind überhaupt eine Schwäche von mir. Ich liebe ›banking‹ als Ökonom, ich liebe die Art und Weise, wie Banken arbeiten.« Nikanor spricht im Präsens, in der Gegenwart. Und auch die Begeisterung verbirgt er nicht. So, als wäre es noch immer ein Hobby von ihm, als wäre das »banking« auch in der geistlichen Welt noch präsent. Auch wenn das »offizielle« Ende seiner Börsenkarriere sehr schnell kam. »Ich habe zwar nicht sehr lange als Analyst gearbeitet, zweieinhalb Jahre sind wahrlich keine lange Zeit, geschweige denn Erfahrung, dennoch waren sie in New York der Meinung, dass ich erfolgreich sei. Und es ist ja oft so, dass die Meinung über dich und deine Arbeit genau das Gegenteil dessen aussagt, wie du dich selbst dabei fühlst. Ich entschied mich sehr schnell dafür, den spirituellen Weg einzuschlagen. Fast zu schnell für das Business, denn man kann nicht einfach von heute auf morgen kündigen und gehen. Ich wusste nicht, wie ich meinen Kollegen erklären sollte, dass ich mich entschlossen hatte, Mönch in einem Kloster zu werden. Ich dachte, sie würden mich unweigerlich für verrückt erklären und ich konnte mir nicht vorstellen, Seite an Seite mit Leuten zu arbeiten, die einen nicht für voll nehmen. Deshalb überlegte ich sehr lange, was ich ihnen erzählen sollte.« Den Bruch mit dem Börsenparkett umschreibt er mit einem starken Gefühl von Heimweh und dem drohenden Verlust der Wurzeln. Und mit einer Leere, die sich im Lauf des täglichen Lebens mit Zahlen, Summen und Bilanzen einstellte. Nikanor hält inne. Um seine Hände ist ein kleiner Rosenkranz gebunden, der während des Gesprächs wie automatisch ganz leise surrend durch die Finger gleitet. Er erzählt schnell und begeistert mit einer leicht nasalierenden, hohen Stimme. Es scheint ihm ein ehrliches Anliegen, sich und sein Handeln zu erklären. Es ist keine beweihräuchernde Selbstdarstellung, sondern hat vielmehr den Charakter einer Beichte.

Es gab ganz kurz auch ein »finanzielles Motiv«, nach Bulgarien zurückzukehren. Dabei lächelt er wieder, »denn es ist sehr lukrativ, so ein Gehalt wie an der New Yorker Börse zu beziehen und es hier in Bulgarien ausgeben zu können«. Aber sehr viel wichtiger sei für ihn der heimische Boden gewesen, das Umfeld von Freunden. »Ich lebte in New York ausschließlich für die Arbeit, lebte dort so sehr für sie, dass ich nicht wusste, was in meinem Heimatland Bulgarien passierte. An die Stimmenauszählung per Hand in Florida bei der Präsidentschaftswahl 2000 kann ich mich noch sehr gut erinnern, weil sie wichtig für die Kursentwicklungen war. Über Bulgarien wusste ich nichts mehr.« Er veranschaulicht dieses Gefühl mit einem Bild: »Eigentlich sollte jeder Mensch auf seinem Schreibtisch ein Glas gefüllt mit der Erde seines Heimatlands stehen haben. Damit er immer weiß, woher er kommt.« Was wie Nationalismus klingen mag, ist auch als Gleichnis zu verstehen: Staub bist du, und zum Staub kehrst du zurück. Doch ist die bulgarische orthodoxe Synode bei Weitem nicht so politisch präsent und aktiv wie etwa die serbische oder die russische orthodoxe Kirche, die in ihren Ländern wichtige Machtpositionen einnehmen. Und bei Weitem nicht so radikal. Fremdsprachen werden allerdings auch in bulgarischen Klöstern äußerst selten gesprochen. Und Mönche, neue Mönche mit internationalem Hintergrund wie Nikanor, sind rar, eigentlich weithin unvorstellbar. Die Bulgarisch-Orthodoxe Kirche kümmert sich primär um sich selbst. Nachwuchs gibt es kaum.

»Es gibt mehr auf dieser Welt, als wir gewöhnlich sehen und wahrnehmen können. Sehr viel mehr. Die unsichtbare Welt, das unsichtbare Universum ist sehr viel größer und tiefer und höher zugleich als das sichtbare.« Nikanor wirkt wie entrückt, wenn er spricht. Der Rosenkranz läuft durch seine Finger, Perle für Perle. Er versucht nicht, zu überzeugen, gar zu missionieren. Vielmehr ringt er nach Worten, nach einer Erklärung, die jenseits der Sprache liegt. »Gewöhnlich ist es eine schmerzvolle Erfahrung, diese Suche nach – wie soll ich das sagen – unserem spirituellen Leben und unserer Seele … Vielleicht kann man es so sagen: Du bist nicht glücklich mit den Sachen, die passieren, nichts kann dich wirklich glücklich machen, du weißt ja noch nicht einmal, was Glück überhaupt ist. Da ist immer nur diese Traurigkeit, die dich erfüllt, dieses Gefühl, dass etwas fehlt.«

Ganz Abstand nehmen von seinem früheren Leben kann er noch nicht. So beispielsweise bei den umfangreichen Restaurierungsarbeiten im Kloster, die er federführend organisiert. »Streng genommen ist mein Wirtschaftswissen nicht mehr nützlich. Ein Mönch verrichtet seinen Dienst im geistlichen Leben und im Heil der Seele. Aber natürlich kann es von Vorteil sein, wenn ein guter Mensch mit den Regeln der Finanzmärkte vertraut ist, damit wird es leichter, nach Möglichkeiten der Baufinanzierung zu suchen. Wir, die Mönche, haben aber keine andere Wahl, als um die Hilfe derjenigen, die tatsächlich helfen können, zu bitten.« Und diese Möglichkeiten nutzt er aus. Neben der grundlegenden Sanierung wird das Kloster auch umfangreich erweitert. »Zuerst einmal können wir bald wieder einigermaßen normal leben, ohne Angst, dass das Gebäude gleich in sich zusammenstürzt. Zum anderen soll das Kloster junge Leute anziehen, die sich in den Dienst der Kirche oder sozialer Initiativen stellen.«

Nikanors Chef, der ihn nach New York aufs Börsenparkett gebracht hatte, unterstützt ihn bis heute. Ein nicht unwesentlicher Faktor. Seine ehemalige Firma lancierte eine landesweite Kampagne zum Wiederaufbau des Klosters, half aber auch ganz konkret. »Er hat uns vor allem auch dabei geholfen, Wasserbüffel zu kaufen. Die Tiere sichern unser tägliches Überleben.« Das Klosterleben ist einfach und hart, die drei Mönche versorgen sich größtenteils selbst. Es gibt einen kleinen Acker, mehrere Nutztiere, einen großen Garten. Zu den Unterstützern gehören Firmen und Banken, aber auch viele Privatleute, die dem Kloster zwanzig Lewa (zehn Euro) überweisen. Namhafte Persönlichkeiten, darunter der türkischstämmige Minister für Landwirtschaft, engagieren sich in einer »Initiativgruppe« zur Rettung des Klosters. Es wird Geld gesammelt. Viel Geld. Auf der Website werden Spenden entgegengenommen. In einem kleinen Kasten auf der Hauptseite wird die Summe monatlich aktualisiert.

Nikanor ist angekommen in seinem neuen Leben. Seine Selbstsicht beschreibt er so: »Ich möchte, dass die Menschen auf mich herabsehen. Sie sollen mich nicht respektieren, denn wenn man respektiert wird, läuft man Gefahr, stolz und hochmütig zu werden. Aber wenn sie auf dich herabsehen und sagen, ›Hey, das ist doch nur ein Mönch‹, ist das gesünder für die Seele. Es ist leichter, gut zu sein, wenn man geliebt wird. Aber versuche, gut zu sein, wenn du nicht geliebt wirst. Das ist die Herausforderung.«

Eine ganz neue Herausforderung, außerhalb jeglicher Wirtschafts- und auch Gesellschaftssysteme. In zwei Jahren wird der Großteil der Renovierungsarbeiten abgeschlossen sein. Das Kloster ist schon jetzt zu einem überregionalen Anziehungspunkt geworden. Nikanor wurde an einem Palmsonntag vor sechs Jahren zum Mönch geweiht. Man darf gespannt sein, welchen Herausforderungen sich der ehemalige Broker noch stellen wird, in diesem seinem zweiten Leben.

Die Zukunft ist eine andere

Im Land der Heilerinnen und Wahrsager

Im Rozhen-Kloster, im mediterranen Sandsteinsüden Bulgariens nahe Melnik, steht rechts neben dem Eingang, bereits im Inneren der düsteren Hauptkirche, eine kleine Schale mit Goldstrandsand. Eine Messingschale auf einer Obststeige, dahinter ein schwerer Bronzekerzenständer mit einem Löcherrund als Kopf, in dem die Reste der vielen dünnen Wachsstäbchen mit Docht stecken, die man hier für die allgemeine Gesundheit, für das persönliche Wohlergehen oder für die Fußballmannschaft Lewski Sofia anzündet. Die ehemalige deutsche Botschafterin bekannte bei solchen Gelegenheiten regelmäßig ihr Gedenken für Schalke 04, munkelt man. Aber nicht hier, nicht in den roten Bergen um Melnik. Die Gegend hat in den letzten hundert Jahren zwei bedeutende Wahrsagerinnen hervorgebracht, die Region und Land prägten. Wobei die Bezeichnung nicht völlig zutreffend ist. In Bulgarien bedeutet *Vratschka* in erster Linie »Heilerin« und erst danach Wahrsagerin. Und das Heilen ist eng verbunden mit naturkundlichen und naturmedizinischen Ratschlägen. Bei der Durchsicht der Rezepte fällt einem immer mal wieder die gute alte Hausapotheke ein, aber darauf lässt sich der Kult nur schwerlich reduzieren.

Die »ehrwürdige Stoina Dimitrova« (1883–1933), so der offizielle Titel, aus Dolna Sushitsa, die in der

Kindheit erblindet, im Alter von sieben Jahren an Pocken erkrankt ist, soll das Dorf maßgeblich vor der Zerstörung durch die Türken in den Balkankriegen bewahrt haben. Nach ihr ist vor allem Baba Wanga eine Art Popikone der bulgarischen Wahrsager geworden. Sie stammt aus Rupite und erhielt ihre Berufung durch einen Wirbelsturm, was Stoina Dimitrova als ihre Vorgängerin vorhergesagt hatte.

Der Abschnitt von Rupite, in dem Wanga lebte und wirkte, ist komplett touristisch erschlossen. Ein großer Parkplatz mit separaten Stellplätzen für Reisebusse, nette Wegweiser, ein kleines Bistro. Das Gebiet ist mit einer Mauer umrüstet und so quasi vom übrigen Ort abgetrennt, es gibt ein Tagungsgebäude und eine kaputte grüne Telefonzelle, die einmal für den Wachschutz vorgesehen war. Die Kirche Sv. Petka Bulgarska ist Objekt Nummer fünf auf der Liste der »Hundert Nationalen touristischen Objekte«, einer Art Stempelheft zum Sammeln und »Stolzsein« auf sein Land. Die Kirche wurde von Swetlin Russew geplant und ausgestaltet. Swetlin Russew ist *der* Künstler, wenn man von Kunst in Bulgarien spricht. Er war der Staatskünstler vor der politischen Wende und hat auch danach wenig an Ansehen verloren. Zentrale kulturgeschichtliche Denkmäler Bulgariens, wie beispielsweise die Kirche auf dem Tzarevetz-Hügel in Weliko Tarnowo, wurden von ihm mitgestaltet. Maskenhaft kühl blicken die Porträts der Heiligen auf den Besucher, die Atmosphäre in der Kirche ist unheimlich. Aus Sparsamkeit, vielleicht aber auch weil Kitsch in Kirchen durchaus willkommen ist, hat man den Innenraum mit grellbunten Plastikblumen geschmückt.

Selbst am Grab von Wanga stecken Kunststoffrosen in einer Vase. Das Gelände ist weitläufig. Ein rötlich schimmernder Sandsteinberg hinter dem Areal vermittelt mediterrane Wärme und Exotik. Eine ausgewiesene fünfundsiebzig Grad warme Mineralquelle speist einen kleinen Weiher, in den Besucher ihre Füße hängen oder sich das Gesicht beträufeln, um sich hernach sofort zu bekreuzigen. Sie glauben an seine Heilkraft durch die Nähe zur Wahrsagerin. Deren Häuschen ist verschlossen. Ein Konzept für ein Museum werde noch entwickelt, heißt es, bislang kann man nur Blicke durch die Fenster werfen. Auf allen Objekten finden sich kleine gelbe Klebezettel. Dass sie früher eine Beschriftung trugen, kann man nicht mehr erkennen. Sie ist verblasst. Neben dem Holzschränkchen steht eine Flasche Ballantine's, angeblich der Lieblingswhisky von Wanga. Für regelmäßigen Nachschub sorgte das Politbüro in Sofia beziehungsweise ihre »Freundin« Ljudmilla Schiwkowa, Tochter des Diktators. Die obligatorischen, aus dicker Wolle geknüpften knallbunten Häkeldecken über den Sofas und Sitzkästen, Schafswolldecken auf Stühlen und auf dem Boden, viele Teppiche, deren Muff man durch die Glasscheiben zu riechen glaubt. Eine ganz einfach eingerichtete Wohnung. Eine Glaskugel fällt auf und eine dicke Buddhafigur, aber nur, weil man etwas Besonderes sucht, etwas, was den Unterschied einer Wahrsagerinnenwohnung ausmacht.

Von 1970 an lebte Baba Wanga in diesem Haus und empfing ihre bedürftigen Kunden. Vor allem am Wochenende standen die Leute Schlange. Heute kommen Touristenbusse. Vor dem Eingangstor verkauft eine geschäftstüchtige Frau Wasch- und Naschmittel. Baba Wanga ist neben ihrer hellseherischen und heilkundlichen Tätigkeit für Einzelpersonen in der kollektiven Erinnerung Bulgariens vor allem das Medium fürs Große, fürs transzendental Überregionale und auch für das Politische. Sogar Genosse Todor Schiwkow, der unscheinbare Diktator, der Bulgarien bis 1990 eisern regierte, holte sich Rat bei Baba Wanga. Überhaupt soll die kommunistische Nomenklatura Stammkunde gewesen sein in Rupite, selbst Breschnew habe um Rat angefragt, aus Moskau, was unter die nicht nachweisbaren Mythen verbucht werden muss. Auch die Aussichten der bulgarischen Fußballnationalmannschaft bei der Weltmeisterschaft 1994 wurden von Wanga prognostiziert. Zwei Mannschaften mit B. habe sie im Finale gesehen. Allerdings scheiterte Bulgarien, nachdem es im Viertelfinale Deutschland aus dem Turnier geworfen hatte, an Italien, das im Finale Brasilien im Elfmeterschießen unterlag. Auch den Untergang der Kursk habe sie vorhergesehen, wenngleich die Deutung zu ihren Lebzeiten mehr oder weniger ungehört blieb. Sie wurde sozusagen posthum und nach der Katastrophe bekannt gegeben. Der Mythos Baba Wanga verbreitete sich durch ihr Tagesgeschäft. Und das bestand neben dem Wahrsagen vor allem aus dem Verschreiben oder Kundgeben von natürlichen Heilmitteln, aus dem Mischen von Salben, Tees und Tinkturen und aus Enthaltsamkeitsregeln oder Diätvorschlägen, wie man das heute nennen würde. Es gibt mittlerweile zahlreiche Ratgeber in Buchform, alle »im Namen« Wangas verfasst. Koch-, Kräuter- und Rezeptbücher, die von leichten Gebrechen bis hin zum Krebs alles im Therapieprogramm haben. Von einfachen Teemischungen zu traditionellen bulgarischen Gerichten werden die einfachen Rezepte zu Placebos fürs Seelenheil. Wanga ist zur Marke geworden.

»Wahrsager« oder »Heiler« ist in Bulgarien ein anerkannter und gefragter Berufszweig. Mit Umsatzsteuer, Registereintrag und allem Drum und Dran. Wahrsager und Medien haben seit jeher Konjunktur in Bulgarien. Nach der politischen Wende 1990 stieg die Nachfrage stark an. Die Zeiten waren und sind auch nach dem EU-Beitritt unsicher. Für viele Familien sind einzig die Preiserhöhungen spürbarer Ausdruck eines Fortschritts, den sie alles andere als positiv wahrnehmen. Jedes Dorf, beinahe jedes Viertel verfügt über eine *Baba* mit übersinnlichen Fähigkeiten. Und diese fragt man um Rat. Ganz offiziell, und doch so heimlich wie möglich. Selbst das Fernsehen hat das Potenzial der Vorsehung für sich entdeckt. Aber das sei doch eher Schabernack, meint eine Freundin. Die echten Wahrsager brauchen persönlichen Kontakt. Und Wanga hat viele Nachfolger.

Alle Berichte über Sinn und Inhalt, über Zutreffen oder Eintreffen getätigter Vorhersagen bleiben als Erzählungen naturgemäß zumeist im Anekdotenhaften hängen. Ja, mehr noch, sie gewinnen durch die Weitererzählung gerade in einer sehr oralen Gesellschaft wie der bulgarischen zahlreiche Facetten hinzu, die dazu beitragen, sie tendenziell immer weiter von der Wahrheit beziehungsweise der eigentlichen Vorhersage und deren Wahrheitsgehalt zu entfernen. Die einzige Möglichkeit, dem entgegenzuwirken beziehungsweise »Institutionen« wie

Medien zu testen, besteht im Selbstversuch. Und so blieb mir nichts anderes übrig, als mich um einen Termin bei dem einen oder anderen Wahrsager zu bemühen. Naturgemäß ausgestattet mit einer gehörigen Portion Skepsis, aber auch mit Respekt vor dem Ungewissen und Unsagbaren in einer Grauzone, die mit Schlagwörtern wie »Religion« oder »Scharlatanerie« nur dürftig und polarisierend umrissen wird.

Den Termin hat vorsichtshalber eine Freundin gemacht. Ljubtscho sei kein Touristen- oder Pressewahrsager. Er sei berufen und helfe Menschen in Not. Man besuche den Mann nicht zum Spaß. Respekt. Ljubtscho residiert im 7. Stockwerk eines alten Plattenbaus in Schumen. Jedes Stockwerk hat vier Wohnungen, zumeist sind diese mit einer zusätzlichen Gitter- oder Stahltür gesichert. Der Fahrstuhl wird durch den schwachen Glühdraht einer Birne illuminiert, der wenig Hoffnung macht, jemals das 7. Stockwerk zu erreichen. Allerdings ist das in den meisten ehemaligen Neubaublocks hier so, die vor sich hin verfallen und ganze Stadtbilder prägen. Rechts neben dem Eingang horten einige Hausbewohner in einem Kabuff Holzscheite für den bevorstehenden Winter. Neben Ljubtschos Wohnung steht eine kleine Holzbank. Zwei ältere Damen sitzen dort. Sie sind schwarz gekleidet, offensichtlich trauernd. Die ältere der beiden schluchzt leise vor sich hin. Ich bin ein wenig zu früh. Ich stehe am Gang und setze mich, nach einigen Minuten respektvoller Unschlüssigkeit, auf die Treppe, die Trauernden im Rücken.

An Ljubtschos Eingangstür hängt eine auf A3-Format großgezogene Todesanzeige Baba Wangas. Er sehe sich als legitimer Nachfolger des großen bulgarischen Mediums, berichtet eine Freundin. Aber da ist er in Bulgarien nur einer unter vielen. Ein zunehmend bedeutender, wenn man sich an den Nummernschildern der vor dem Haus parkenden Autos aus unterschiedlichsten Regionen Bulgariens orientiert, die täglich bei Ljubtscho anklopfen, und den Gerüchten glaubt, die hier und in Sofia und in Plowdiw und in Burgas um Ljubtscho schwirren. Dort kannten ihn die Leute, die ich fragte, alle. Ausnahmslos.

Ich werde hineingerufen. Die Wartezimmersituation im heruntergekommenen Hausflur wird aufgelöst. Es bittet mich aber keine Sprechstundenhilfe, sondern Ljubtscho selbst in seine Wohnung. Ljubtscho trägt schwarz. Eine Art Soutane, darunter eine schwarze Bundfaltenhose. Sein schwarzer Bart ist mittellang, das ungewaschen und klebrig wirkende Haar mit einem Haushaltsgummi zu einem kleinen Pferdeschwanz gebunden. Äußerlich wirkt er wie ein Mönch. In seinem Vorleben war Ljubtscho Mediziner. Stationsarzt am Krankenhaus in Schumen. Jetzt, hier und heute, als Wahrsager, als Medium könne er den Menschen sehr viel besser helfen als mit einem weißen Kittel. Nicht die Symptome, sondern die Ursachen könne er ergründen und dadurch den Menschen sehr viel effektiver zur Seite stehen. Sagt man, berichtet man mir. Ljubtscho äußert sich dazu nicht. Er führt mich durch den engen Flur an einem kleinen Telefonschränkchen vorbei in ein helles Zimmer. Überall stehen Regale und Gestelle mit wuchernden Grünpflanzen herum. Keine Exoten, vielmehr Grasgewächse, wie man sie auf den nahe liegenden Hängen findet oder in den Korridoren öffentlicher Gebäude. Unkraut. Ein leichter Weihrauchduft durchzieht die Wohnung, empfindlich gestört durch Geruchsschwaden von gebratenen Spiegeleiern, die in der Küche vor sich hinbrutzeln. Ljubtscho wohnt mit seiner Mutter hier. Offenbar bereitet sie das Abendessen zu. An den Wänden bulgarische Volkskunst. Stickbilder von sogenannten »Wiedergeburtshäusern« (einem Baustil des 19. Jahrhunderts, der Zeit der Wiedererlangung der bulgarischen Unabhängigkeit), ein paar Heiligenbilder konzentrieren sich neben der Tür zu einer Art Altarbild über einem kleinen Holztischchen. Ich warte.

Freunde, die regelmäßig den Rat Ljubtschos einholen, wiesen mich auf eine Besonderheit des Rituals hin. Sei das Taschentuch, das sich Ljubtscho zu Beginn der Sitzung, der Anamnese quasi, über die Augen legt, bunt, seien positive Vorhersagen zu erwarten. Sei es schwarz oder braun, müsse man mit weniger erfreulichen Prognosen rechnen. Als Ljubtscho mit der Sitzung beginnt, kann ich das Taschentuch nicht deuten. Weiße Grundfarbe mit roten, aber auch grauen Quadratmustern. Es ist feucht. Ljubtscho sinkt in sich zusammen, das Taschentuch vor den Augen, und erzählt mir, wo ich herkomme, über meine Familie, mein familiäres Umfeld und so weiter. Nichts davon trifft zu. Nicht in meiner Erinnerung. Meine Zukunft muss eine andere sein, denke ich erleichtert und auch ein wenig enttäuscht. Ein Missverständnis, eine schlechte Aura, ein »Versehen«? Ljubtscho bittet mich zu warten. Ein weiterer Patient betritt den Raum. Er scheint körperlich krank zu sein, sein Köper weist mehrere verpflasterte Wunden auf, er schwitzt, zittert und blickt nervös im Raum umher. Die Augen sind leicht gelblich unterlaufen. Ljubtscho befragt ihn und beschreibt Umstände, die der junge Mann bestätigt. Er schildert Räume, ein Haus, eine Regentonne, eine Etage, was alles zu den Patienten zu passen scheint. Ich werde nur noch skeptischer. Nach fünf Minuten ist die Vorführung beendet. Der verwirrte junge Mann hat eine Art mündliches Rezept bekommen, lässt zwanzig Lewa auf dem Tisch liegen und geht. Ljubtscho verlangt grundsätzlich kein Geld für seine Dienstleistung, aber jeder lässt ein wenig da. Jeder so viel er kann und glaubt. Schließlich bezahlt Ljubtscho Steuern. Zweiter Versuch. Diesmal scheint die Aura besser zu sein. Die Wahrheit der Aussagen oder die tendenzielle Annäherung an eine mögliche Wahrheit, eine mögliche Begebenheit, die man vorhergesehen hat, ist naturgemäß immer Interpretationssache. In unserem Fall waren die konkreten Vorhersagen die Geburt eines Kindes und ein Ortswechsel. Beides ist mittlerweile mehr oder weniger eingetroffen, auch wenn die Annahme dieser Vorhersage im Nachhinein banal wirkt. Anderes hat sich nicht bestätigt. Wir warten auch nicht mehr darauf. Die Vorhersage ist eine Möglichkeit, eine Zufälligkeit vielleicht, auch wenn man davon überzeugt sein mag, dass es keine Zufälle gibt im Leben. Zum Abschluss wird gebetet. Das Ritual bekommt einen religiösen Anstrich. Eine weiße Raufasertapeten-Wand, die üblichen Nationalheiligen, Iwan Rilski, Kyrill und Method. Ljubtscho entzündet Kerzen und brennt ein paar Körnchen Weihrauch an. Der Geruch der Spiegeleier ist verflogen. Zu einem Wahrsager gehe ich nie wieder, vielleicht aus Furcht, vielleicht aus Respekt, vielleicht aus Desinteresse. Meine Zukunft ist eine andere.

Das Leben, ein Dorf

Zu Besuch in vier Stationen bulgarischer Geschichte in den Rhodopen

Leschten hat es geschafft. Das Dorf lebt. Oder besser: Es hat überlebt, wenn auch größtenteils nur als Fassade. Denn belebt wird der Ort nur mehr von Bewohnern auf Durchreise, Wochenendresidenten und Touristen. Leschten ist ein sehr ursprüngliches Dorf. Die meisten Häuser sind in der für die Region typischen Wiedergeburtsarchitektur errichtet und unterscheiden sich doch massiv vom Mainstream. Hohe Mauern aus geschichteten Schiefersteinen und ein massives Holztor umgrenzen ein auf Backsteinfundament gesetztes Holzhaus. Die ursprünglich vorhandene offene Terrasse im ersten Stockwerk ist einer geschlossenen Bauweise gewichen. Nicht mehr zeitgemäß, so eine Arbeitsetage, die früher auch als Stauraum für Werkzeug und Trockenraum für Futter und Früchte diente. Die oberen Etagen stoßen sich bei ein paar Häusern wuchtig vom Hang ab und ragen imposant in den Himmel. Andere, kleinere, bescheidenere Exemplare, die nur über zwei Räume in der oberen Etage verfügen, schmiegen sich an den Berg. Die Wege sind verschlungen, Kopfsteinpflasterfurchen, die im Frühjahr das abfließende Wasser leiten, breit genug, dem fußfaulen Besucher die Auffahrt zu erlauben. In Bulgarien fährt man generell so weit mit dem Auto, wie es irgendwie möglich ist. Auch idyllische Gipfelgebiete im Pirin oder am Balkan werden gerne mit vier Rädern erklommen. Leschten ist heute ein Hoteldorf und hat einen zentralen Parkplatz. Die Dorfschenke, oder heute: das Restaurant neben der Kirche dient als Rezeption für die zu vermietenden Zimmer beziehungsweise Häuser. Die leergewohnten, verlassenen, aufgekauften Wiedergeburtshäuser des Komplexes wurden gründlich modernisiert. Sie haben jetzt alle einen Fernseher, Satellitenanschluss und eine geflieste Nasszelle mit hübschen Keramikornamenten. Leschten steht unter Denkmalschutz. Leschten ist ein Museumsdorf, das bewohnt werden darf. Zum Essen sitzt man bodennah auf kleinen Hockern. Bunte Teppiche und Tischdecken mit traditionellen Motiven, die aus den umliegenden Dörfern stammen, schmücken die Räume. Jedes Häuschen verfügt über eine kleine Terrasse. Der Blick ist überwältigend. Vor allem im späten Frühjahr und im frühen Herbst, wenn das Pirinmassiv mit den letzten oder ersten schneebedeckten Gipfeln herübergrüßt auf das Mittelgebirge der Rhodopen. Eine mythische Landschaft. Die schöne Rhodope verdrehte Haemos den Kopf, betörte und verführte ihn, was die Eifersucht des Zeus heraufbeschwor. Er verwandelte das Liebespaar zu Stein. Haemos wurde das Rückgrat Bulgariens, der heutige Balkangebirgszug. Rhodope behielt ihren Namen als verzaubertes, sanft bewaldetes Mittelgebirge mit ein paar schneesicheren Winterspitzen im Südosten. Die Rhodopen wurden später zur Heimat des Orpheus. Bezaubernde Stimmen klingen auch heute noch aus ihren Schluchten.

Aber beginnen wir ganz unten, am Fuße der sanft ansteigenden Landschaft aus dem Talkessel um Goze Deltschew. Auf dem circa fünfzehn Kilometer langen, gewundenen Weg nach oben passiert man vier Stationen bulgarischer Geschichte des letzten Jahrhunderts. Ein symbolischer Weg, gespickt mit zufälligen Wegmarken, ein Weg durch die Zeit mit all ihren Gegensätzen, Höhen und Tiefen. Ein gefährlicher und romantischer Weg.

Das Erste, was auffällt, ist der Zaun. Kurz hinter der Abzweigung mit dem Hinweisschild nach Kowatschewitza, dem touristischen End- und Zielpunkt des Aufstiegs beziehungsweise der Auffahrt, ist von dem denkmalgeschützten Versprechen, das ein braun unterlegtes Schild auch in Bulgarien verspricht, noch nicht viel zu spüren. Die ersten dreißig Meter Zaunanlage trennen die Straße von der Rückfront einer Tankstelle. Ein paar Meter weiter ist der Zaun niedergerissen, eingedrückt, die Betonpfähle sind abgebaut. Vor wenigen Jahren standen sie hier noch links und rechts der Straße und »schützten« diese vor den notdürftigen Behausungen von Martschewo. Genau genommen gehört dieser Ortsteil nicht mehr zu Martschewo. Die Dorfbewohner sehen den Weiler eher als lästiges Anhängsel. Es ist eine willkürliche Aneinanderreihung notdürftiger Behausungen. Mauern ohne Fenster und Türen mit Wellblechdächern säumen links und rechts die Hauptstraße. Defekte Waschmaschinen und Kühlschränke stehen vor den Bauten, es gibt keine Wege, der Lehmboden ist übersät mit Müll. Hie und da wurden Kabel von der Hauptstromleitung auf die Hausdächer verlegt, Pferdefuhrwerke stehen herum, ein zerstörter Spielplatz, dem man nur mit viel Fantasie seine einstige Funktion zuordnen kann. Die Straße ist gesäumt von Kindern. Hunderten von Kindern, die immer da sind, wenn ein Auto die Straße passiert. Kinder jeder Altersgruppe in T-Shirts, zerfetzten Hosen und Sandalen oder barfüßig. Eine kleine Gruppe fährt mit einem selbst zusammengezimmerten Skateboard den leichten Abhang auf der Straße hinunter. Die Kinder lachen und grüßen.

»Neunzig Prozent der Bewohner hier sind Analphabeten«, sagt Diana Karagiosowa. Sie betreut mit der kleinen Organisation Integra die Roma in und um Martschewo. »Hier in diesem Viertel ist das Leben besonders schlimm. Die Menschen haben eine Lebenserwartung von siebenunddreißig Jahren.« Die Bewohner des Weilers an der Auffahrt zu einem der schönsten Panoramatäler der Rhodopen gehören der untersten Kaste der Roma an. »Was wollen Sie denn mit denen?«, heißt es aus einer NGO in Sofia, »das sind Aussätzige und Kriminelle. Sie haben mit dem offiziellen Bild der Roma in Bulgarien nichts zu tun.« Das »offizielle Bild« ist durchaus heterogen. Zwar gibt es gerade im Zuge der europäischen Integration massive Bemühungen um die Gruppe der Roma, vor allem im Gesundheits- und Bildungssektor. Aber die alltägliche Diskriminierung ist ungebrochen. »Es gibt Fortschritte«, sagt Diana. Sie hat wasserstoffblondes langes Haar. Zum Gespräch erscheint sie geschminkt und mit weißer Bluse. »Man beginnt zu arbeiten, Probleme selbst in die Hand zu nehmen.« Diana selbst war den Sommer über in Griechenland bei der Olivenernte. Die griechische Grenze ist nur wenige Kilometer entfernt. Seit dem EU-Beitritt sind die Schikanen der Behörden nicht mehr so schlimm. Man kann einen Großteil des verdienten Geldes behalten. Oftmals arbeiten die Roma nur wenige Tage. Ein Knochenjob in südlicher Hitze. Gearbeitet wird von Sonnenauf- bis Sonnenuntergang, geschlafen wird unter Plastikplanen. Viele verlieren nach kurzer Zeit die Lust und die Kraft. Auch aus dem Weiler bei Martschewo sind die Jungen dieses Jahr nach Griechenland aufgebrochen.

Kinder gehen hier im Schnitt nur bis zur dritten Klasse in die Schule, zumeist unregelmäßig. Die Frauen beziehungsweise Mädchen werden im Alter von zwölf Jahren verheiratet und haben oft fünf bis sechs Kinder. Sie dürfen nicht arbeiten, ihr Bildungsniveau ist bescheidenst. Es gibt kein fließendes Wasser, keine Kanalisation und nur selten Strom. »Es kümmert sich keiner«, sagt Diana. Irgendwann wurden von der bulgarischen Verwaltung Zäune an der Straße errichtet. Weil sich viele Besucher der Touristendörfer, die weiter oben liegen, gestört fühlten. Das Dorf wurde geteilt, aus »Sicherheitsgründen«, wie es hieß. Diese Maßnahme hielt verständlicherweise nicht lange. Man versucht jetzt mit Mediatoren einen Dialog in Gang zu setzen, Probleme zu benennen und gemeinsam zu lösen. Ein kleines Gemeindezentrum ist entstanden, ein Haus mit einem kleinen Saal, vielen Stühlen und einem Tisch mit einer bunten Decke. Hier werden Hochzeiten abgehalten und Versammlungen. Der Raum ist abgesperrt. Sogenannte »Pastoren« fungieren als Gemeindevorsteher und sind Ansprechpartner bei Problemen.

Hinter dem Dorf beginnen die ersten Arbeiten für eine Umgehungsstraße. Der Weiler soll aus dem Blickfeld, zurück ins Abseits. Nach circa dreihundert Metern hat man die letzten Häuser hinter sich gelassen. Links und rechts stapeln sich Müllberge, ihre Spur zieht sich bis weit hinter das Dorf. Kleine bunte Plastiktüten fliegen durch die Gegend. Kleine Feuer verpesten die Luft mit schmorendem Kunststoffabfall. Rechts eine beschauliche Felslandschaft, links öffnet sich das Tal, die Straße verschwindet im Wald.

Im Wald scheint ein Paradigmenwechsel stattzufinden. An fast jede von der Straße aus sichtbare horizontale und einigermaßen ebene Felsfläche sind Hinweisschilder zum Schutz des Waldes gepinselt. »Schütze den Wald und seine Bewohner!«, steht da in Rot und Gelb. Die Farbe scheint frisch, so als würden die Linien regelmäßig nachgezogen.

Gorno Drianowo. Der Wald befindet sich noch im Namen des Ortes. Hier wurde eine Schneise in den Wald geschlagen, am Fluss Drianowo, einem Nebenarm des Kanina, der sich unterhalb des Dorfes seinen Weg durch das Tal gräbt und neben dem steinigen Flussbett oft mit Abfallhalden zu kämpfen hat. Das Dorf ist auf den ersten Blick nicht sonderlich malerisch. Es wirkt wie eine schwer erarbeitete Ansiedlung in einem permanent improvisierten Status quo. So wie viele einfache Dörfer in Bulgarien, die sich kein Tourismusetikett in die engen Gassen kleben können. Das Erste, was man zu sehen bekommt, sind lange Reihen von Garagen, die man vor dem eigentlichen Ortseingang errichtet hat. Drianowo hat ein schnelles und intensives Wachstum hinter sich, und die Hanglage erlaubte nur auf begrenztem Raum Ausdehnung. Deshalb hat man die Garagen, Geräteschuppen und auch Lagerschuppen dem Dorf quasi vorgeschaltet und einfache kubische Holzbauten mit Schwingtüren und kleinen staubigen Vorplätzen, die als erweiterte Straße dienen, aneinandergereiht. Alle gesichert mit einem einfachen Vorhängeschloss. Nur die Tiere und deren Nahrung lagert man noch in der Nähe der Häuser. Die Ziegen und Schafe leben oft im Keller oder Souterrain. Vor den Häusern finden sich die käfigartigen Aufbauten mit getrockneten Futtermaiskolben. Tiefgelbe Farbtupfer vor den unverputzten Fassaden. »Dem Dorf ging es schon mal schlechter«, sagt Mahmoud, ein älterer Herr, den wir vor der kleinen Moschee treffen. »Damals, bei den Kommunisten, als die zu spinnen anfingen.« Er meint die letzten Jahre des Schiwkow-Regimes Ende der achtziger Jahre, als das Politbüro mit einer Zwangsbulgarisierungspolitik Propaganda auf Kosten der zahlreichen Türken im Land machte. Türken durften keine türkischen Namen mehr tragen, neugeborene Kinder mussten bulgarische Namen erhalten. Es gab Mütter, die ihren Kindern lieber Fantasienamen gaben, als der Zwangsbulgarisierung nachzugeben. Eine Bekannte nannte ihren Sohn »Jules Vernes«. Ein Exodus in Richtung Türkei setzte ein. »Da haben wir uns dann halt alle Mitko genannt«, sagt Mahmoud und lächelt ein wenig, »aber die Zeit war schlimm, das Leben nicht gut. Es gab viel Hass.« In Georgi Danailows Roman »Ein Haus jenseits der Welt« notiert der Autor eine Beobachtung aus dieser Zeit, eine Aufschrift an der Tür des Behandlungszimmers eines Arztes: »Personen in Tracht wird keine Hilfe geleistet.« »Jedes weitere Wort erübrigt sich«, schreibt er weiter.

Gorno Drianowo ist ein sogenanntes »Pomakendorf«. Als Pomaken werden im weitesten Sinne die zum Islam konvertierten Bevölkerungsteile unter der osmanischen Herrschaft verstanden, die unter Zwang konvertierten, aber auch aus sozialen und ökonomischen Beweggründen. Vor allem im Süden und Südwesten Bulgariens findet man diese Volksgruppe. Sie ist augenfällig. Viele Frauen tragen auch an ganz normalen Arbeitstagen Elemente der bunten Tracht. Die bulgarische Bevölkerung nennt sie ein wenig abschätzig »Pluderhosen«. Oft ziert sie auch ein weißer Kopfschleier oder ein buntes Kopftuch. Aber das muss nicht sein, wie Lifa meint. Sie geht mit ihrer Mutter die Dorfstraße entlang und trägt Jeans und Pullover, während die alte Frau, die sich an ihrer Seite untergehakt hat und sich mit der Linken auf einen hölzernen Gehstock stützt, ein weinrotes Kittelkleid trägt und eine Schürze und ein Kopftuch umgebunden hat. »Das Kopftuch ist etwas für die Alten. Da kann man sich auf die Traditionen besinnen, da hat man Zeit«, meint Lifa ein wenig verschmitzt. Tatsächlich wirkt es so, wenn die Alten, ihre Enkelbabys in geknüpften Tragerucksäcken auf dem Rücken, von ihren kleinen Feldern oder Gärten am Hang zurück nach Hause kommen, um das Essen zuzubereiten. Das Ganze wirkt ein bisschen wie der Ausschnitt aus einem seligen Agrar-Ethno-Heimatroman. Die schwere Arbeit sieht man den Frauen jedoch an. Sie wirken gezeichnet. Drianowo lebte lange von der Landwirtschaft, vom Tabakanbau und von der Holzwirtschaft. Letztere ist als einzige lukrative Einnahmequelle übrig geblieben. Alles andere dient dem Selbsterhalt. Von hier starten die schweren UAS-Lastwagen in die Wälder hinter Kowatschewitza, um Bauholz zu schlagen. Und sie donnern drei- bis viermal am Tag durch ihr Dorf und graben tiefe Furchen in die unbefestigten Straßen. Teilweise gleicht die Fahrbahn der einzigen Dorfstraße einer Buckelpiste aus Beton und Sand.

Ein paar Jugendliche jagen an uns vorbei. Es ist Freitag, die Gemeinde kommt aus der Moschee, unter ihnen der junge Imam. Er ist vielleicht Mitte zwanzig, trägt einen weißen Turban und ein modisches schwarzes Spitzbärtchen und ruft den Jungs zu, wo sie denn gewesen seien. Sie halten inne und lassen sich das Versprechen abringen, nächsten Freitag zum Gebet zu erscheinen. Mit leicht gebeugten Köpfen und erzwungen ernster Miene. »Die Gemeinde ist intakt. Es kommen nicht viele, aber es kommen immer mehr, und sie kommen immer wieder«, so der Imam. Er besucht noch die Uni und betreut neben Drianowo noch drei weitere Gemeinden im Bezirk Goze Deltschew. Viel frequentierter als die Moschee sei am Freitag sowieso die Disco, meint einer der Umstehenden scherzhaft, womit er womöglich recht hat und was ihm auch keiner übel nimmt.

Ganz am Anfang, am Nullpunkt der Route nach oben sozusagen, steht das braune Hinweisschild nach Kowatschewitza, so als wäre dies der Zielort, der Point of Interest, wie sich das auf Navigatorendeutsch heute nennt. Kowatschewitza steht seit Ende der siebziger Jahre unter Denkmalschutz. Erst hinter Drianowo beginnt die vermeintliche Ruhe und Abgeschiedenheit. Hier fahren kaum noch Autos, nur die Laster donnern ein- bis zweimal am Tag über die einspurige Piste. Die kurvige Straße scheint sich ohne ersichtlichen Zielpunkt den Hang hinaufzuziehen. Bis eine Kurve vor Kowatschewitza das in den Hang gebaute Kleinod erkennbar wird. Eine große Tafel bietet sogenannte »Brüder-Häuser« zum Verkauf an. Fünfhunderttausend Euro, schlüsselfertig, saniert beziehungsweise so gut wie neu errichtet. Bis zu diesem Preis hat Kowatschewitza eine lange Entwicklungsgeschichte hinter sich.

Einer, der maßgeblich an dieser Erfolgsgeschichte des Dorfes Schuld hat, ist der Schriftsteller Georgi Danailow. Eine fixe Idee, die er und seine Freunde aus Sofia in den frühen siebziger Jahren hatten, verwandelte das Dorf im Laufe der Zeit zum Denkmal, das es noch heute ist. Ohne dass für dieses Denkmal von staatlicher Seite, sieht man von ein paar Holztafeln ab, die den Ort zum Denkmal erklären, jemals etwas zum Erhalt, Aufbau oder zur Sanierung beigetragen worden wäre. Es wurde einfach als solches deklariert. Und glaubt man Georgi Danailow, wozu man allen Grund haben sollte, liegt das alleine daran, dass er und seine Sofioter Kollegen in den siebziger Jahren begannen, historische Filme vor und in der historischen Kulisse des Dorfes zu drehen. In gewisser Weise habe er das Dorf gerettet, sagt man ihm nach. »Das ist ein Kompliment, aber es ist ein Stück Wahrheit daran. Es kamen hauptsächlich Intellektuelle hierher. Jeder hat versucht, dem Dorf auf seine Art und Weise zu helfen. Ein Jahr nach meiner Ankunft hier wurde Kowatschewitza zum Kulturdenkmal erklärt. In einer Zeit, in der der Sozialismus schon im Verfall begriffen war. In Bulgarien gibt es viele solcher Orte, solcher Denkmäler. Vielleicht nicht wie Kowatschewitza in seiner Gesamtheit, aber mit irgendetwas Bemerkenswertem. Bis hierhin reichten die Arme des Staates nicht. Neunzig Prozent von den Dingen, die hier gemacht wurden, verdankt man der Privatinitiative der Leute, die hierher gezogen sind.«

Aber es gibt auch noch »Ureinwohner« wie Sonja, die mit ihrem Mann eine kleine Herberge kurz vor dem Ortseingang betreibt. Sie ist hier geboren und wird nicht mehr weggehen, auch wenn das Leben nicht einfach ist. Vor allem im Winter, wenn nur noch zehn bis fünfzehn Leute im Dorf ausharren. Sonjas Haus ist eine kleine Ansammlung liebenswerter, einfacher Kuriositäten. Vor dem Eingang steht ein altes blaues Sofa, auf dem eine Gitarre unter der Spannung der zwei verbliebenen, zu straff gezogenen Saiten ihren Hals nach vorne neigt. Die Fenstersimse sind vollgestellt mit kleinen Zierkürbissen, Einmachgläsern, auf einem kleinen Beistelltisch steht ein altes Dampfradio. Drinnen bullert der kleine Kanonenofen. Die Herbstmorgen, wenn das Dorf noch im Schatten der Schlucht liegt, sind bereits kühl. Sonja hat Linsen aufgesetzt und lädt uns zum Abendessen ein. Eine ungeschminkte, einfache, ehrliche Einladung. Der kleine Gastraum ist vollgehängt mit alten Säbeln, Zeitungsausschnitten, allerlei bunten Nippes, Dinge, die in einer chaotischen Unordnung alle ihren Platz beanspruchen. Man kann sich nicht sattsehen an dieser gelebten Einrichtung. Nichts wirkt gestellt oder drapiert. Tourismus hat hier noch etwas Ursprüngliches. Ebenso bei Wassil und Stojka, die in ihrem Haus gegenüber der Dorfschenke ein paar Zimmer für Übernachtungsgäste renoviert haben. In der Mitte des Raumes ein Ofen, ein sogenannter *Ziganska Ljubov* – Zigeunerliebe. »Schnell heiß, aber auch schnell wieder kalt«, meint Wassil, der nebenbei als Hausmeister und Mesner für die Kirche verantwortlich ist. Tagsüber fährt er mit den schweren Lastern in den Wald, um Bau- und Brennholz zu schlagen. Auf den Bänken der offenen Terrassen des Hauses stehen unzählige Einmachgläser. Stojka rüstet für den Winter. Überall liegen Paprika, Tomaten, Nüsse, kurz vor dem Treppenabsatz steht ein kleiner Spiegel über einer schmalen Kommode, darauf ein paar Deodorants und Haarsprayflaschen. Einfachheit und Offenheit, Inhalte, die man als Reisender nur noch selten findet. Hier, im Museumsdorf Kowatschewitza, sind sie alltäglich präsent und wirken in keiner Weise aufgesetzt. Natürlich gibt es auch Hotels, Konferenzräume und hochgerüstete Zimmer mit Satellitenanschluss. Das wird wohl die Zukunft Kowatschewitzas sein. Wenn auch die letzten Fünfzehn das Dorf im Winter verlassen haben werden und nur noch die Fassade bleiben wird.

Ballermann Balkan

Eine Erlebnisreise

»Und niemand bleibt allein.« Dieses Versprechen klebt wie ein Waschmittel-Treuebonuspunkt an den Handzetteln, die am Goldstrand verteilt werden, mit dem Angebot geführter Abendgestaltung. Hier bleibt niemand allein, und, was noch viel wichtiger ist, hier bleiben wir unter uns. Weitgehend zumindest. Denn alljährlich verwandeln sich beträchtliche Abschnitte der bulgarischen Schwarzmeerküste in germanofone Pauschalstrandabschnitte. Alle Jahre wieder und jedes Jahr werden es mehr. Die Schwarzmeerküste entwickelt sich seit der politischen Wende von der »Riviera des Ostens« kontinuierlich und offensichtlich zum neuen »Ballermann«. Unterschiede sind Interpretationssache, Indizien hingegen unübersehbar. Es beginnt bereits im Flugzeug. »A Bier und an Chivas mit Eis, is eh klar, oder?«, oberdeutscht es im Nacken, und oft kann man froh sein, wenn es bei einem »Sch...-Kanakenservice« bleibt. Nach der Landung argwöhnt man bereits auf dem Rollfeld den hintertriebenen Balkanesen, der den deutschen Pauschali mit seiner dicken Brieftasche über den Tisch ziehen will. Das Warten an der Passkontrolle (der obligatorische Witz mit dem »Kartoffelstempel« ist seit dem EU-Beitritt nicht mehr zu hören), die Feststellung, dass die hier doch eigentlich froh sein sollten, wenn der Ausländer Geld ins

Land bringt. Reminiszenzen an die »harten« Währungszeiten gepaart mit chauvinistischer Hybris. Die bemühten Lächelgesichter der Hostessen, das Verfrachten in die Busse und dann, endlich, das fünfte Bier. Die Beschreibung mag satirisch übertrieben erscheinen, jedoch spielt es sich tatsächlich allsommerlich tagtäglich in der einen oder anderen Fasson an einem bulgarischen Ferienflughafen, zum Beispiel in Warna, ab. Wahrscheinlich lässt sich dieselbe Erfahrung auf Flügen nach Thailand, Lettland, und vor allem und wahrscheinlich in die spanische Inselkolonie machen. Bei Bulgarien jedoch kommt noch die vorurteilsbehaftete Überheblichkeit hinzu, mit der so mancher Pauschaltourist dem Land begegnet. Der Titel eines einstmals wöchentlich erscheinenden, kostenlosen Faltblatts bringt das Ziel der Tourismussaison für diese Randgruppe auf den Punkt: »Ballermann am Balkan«. Man scheint die »Ballermann-Klientel« als lukratives Zielpublikum erkannt zu haben und scheut sich nicht vor Vergleichen mit dem balearischen Vorbild. So erreicht man in Bulgarien beispielsweise den Vollrausch bereits mit der Hälfte des Geldes, das auf Mallorca verflüssigt werden muss. Frauen sind günstiger und generell käuflicher, schließlich sind wir in Südosteuropa, außerdem kostet der Friseur umgerechnet nur vier Euro und eine neue Brille ist weit billiger als bei Fielmann. So etwas zieht beim deutschen Schnäppchenjäger. Sein Urlaubsweltbild wird komplettiert, indem er jeden Bulgaren, der ein besseres Auto als einen Lada fährt, als Mafioso verdächtigt, hinter jedem und allem ausschließlich Betrug vermutet und sich derweil als urlaubender Entwicklungshelfer fühlt, der den Leuten zudem noch etwas Kultur, Disziplin und Anstand beibringt. Schließlich sind wir auf dem Balkan, dem unwiderlegbaren Synonym für Korruption, Hehlerei und überhaupt alles, was man über den Tisch ziehen kann. Auf den bayerischen Kulturtagen, die einstmals in Sofia stattfanden, weitab vom Pauschaltourismus also, aber näher an der Grobschlächtigkeit, als man denkt, äußerte ein sehr intelligenter Mensch beim Anblick einer bayerischen Blaskapelle und den auf Biertischen hüpfenden Bulgaren lakonisch: »Wissen Sie, wir in Bulgarien halten das für Jazz.«

Aber zurück ans Meer, dorthin, wo der Bulgare den bayerischen Jazz selbst kultiviert, oder sich und seine taschentuchwedelnde Katalogkultur den Touristen zum allabendlichen Fraß vorwirft. Im mittleren Süden, in der Nähe von Burgas, dem beschaulichen Raffinerieufer Bulgariens, befindet sich der Sonnenstrand, der das Prädikat »Ballermann« zumindest teilweise schon seit mehreren Jahren verdient. Das Hauptgeschäft konzentriert sich auf Juli und August. Davor und danach fällt man durch Baugruben, wummert nachts der Bass und tagsüber der Presslufthammer, trotz alljährlich verkündeter drakonischer Strafen, die bauliche Maßnahmen während der Saison unterbinden sollen. Die Strandabschnitte sind in Sprachgruppen unterteilt und gerne auch beflaggt, das kulturverbindende Element ist zumeist flüssig, gut gekühlt und beim Bademeister käuflich zu erwerben. Konflikte unter den Gästen gibt es kaum. Die meisten sind zufrieden. Denn trotz aller Ballermannisierungsversuche geht es an den bulgarischen Stränden insgesamt ruhiger zu als beispielsweise in den Bierzelten Mallorcas. Öffentliche ausufernde Massensaufgelage sind selten.

Zu sozialistischen Zeiten war Bulgarien vor allem bei jungen Familien sehr beliebt. Das ist es auch heute noch, und durchaus zu Recht. Zum einen wegen der sprichwörtlichen Gastfreundschaft und Kinderfreundlichkeit der Bulgaren, zum anderen wegen der noch immer relativ günstigen Urlaubsangebote. Auch Rentner, die hier die Tradition des Kurtourismus aufrechterhalten, mit dem das Seebad Warna Ende des 19. Jahrhunderts den Grundstein für die touristische Erschließung der bulgarischen Schwarzmeerküste legte, sind gern gesehene Gäste.

Sehr viel später, am 8. Juni 1957, eröffnete mit dem Hotel Rodina offiziell das erste Hotel seine Pforten am Goldstrand. Die Grundsteinlegung für die »Rote Riviera«, wie sie bis in die neunziger Jahre genannt wurde. Dabei kursierten schon zu sozialistischen Zeiten merkwürdige Mythen um die Goldgrube Goldstrand und dessen Namensfindung. Eine berichtet von der Staatskasse des Osmanischen Reiches, die bei einem Schiffbruch verloren ging und eben an jenem Strandabschnitt gefunden wurde. In Kombination mit Sonne, Meer und Stränden sei der Reichtum dann produktiv für den Bau von »Palästen aus Stahl, Stein, Glas und Beton in sehr anziehenden originalen Baugruppen« verwendet worden, wie es in einem Reiseführer aus dem Jahr 1971 heißt. Dabei hat man lange vergessen und verdrängt, dass die Paläste im wahrsten Sinne des Wortes auf Sand gebaut worden waren.

Iwan P. besitzt eine kleine Parzelle Land über

dem Jachthafen des Goldstrandes. Hinter dem Hotel Horizont, einem der letzten Häuser der ausgebauten Touristenmeile. Iwan hat sich eine kleine Datsche auf zwei Etagen gezimmert, bestellt ein paar Quadratmeter Boden, baut Kartoffeln, Zwiebeln und Wein an. Im März 1986 verrutschte die gemauerte Schrebergartenidylle mit Meerblick drastisch. Seitdem steht Iwans Haus windschief am Hang. Die Häuser seiner Nachbarn hat es ein wenig stärker erwischt. Sie liegen zusammengefaltet wie Kartenhäuser in der Landschaft herum. Zweieinhalb Meter senkrecht, zehn Meter in Richtung Meer verschob sich damals der Berg. Es scheint so, als ob die Schneise, die die Erosion geschlagen hat, erst gestern entstanden wäre. Auf Iwans Eckbank kann man nur noch sehr weit nach vorne gebückt sitzen, die umliegenden Parzellen stehen zum Verkauf. Seit Längerem.

Iwan ist kein Einzelfall. Seit dem Ende der neunziger Jahre beschäftigen sich auch die zuständigen Ministerien in der Hauptstadt mit dem Problem. Neben den Erosionen frisst sich das mitunter alles andere als gastfreundliche Schwarze Meer – Pontus Euxinus wird wechselweise als gastfreundlich oder -feindlich übersetzt – stellenweise regelrecht in die Buchten. An allen Ecken und Enden werden Stufen in die Anhöhen gemauert, Drainagen gelegt und die Küsten mit Wellenbrechern und befestigten Molen zubetoniert. Die Hang- und Wassersicherungsmaßnahmen beschränken sich dabei nicht nur in der Region Warna weitgehend auf touristisch erschlossene Gebiete. Am Hang über dem Komplex »Journalist« am Goldstrand zeigt sich das ganze Ausmaß der Bedrohung. Die einzigen Gäste, die sich hier noch in die Fluten oder unter das rostige Rohr einer heißen Quelle begeben, sind die Warnaer selber.

Die Küste ist noch immer in mehrfacher Hinsicht zweigeteilt. Während sich in den großen Seebädern viele ausländische Westtouristen tummeln, gehört die Südküste vor allem osteuropäischen und bulgarischen Strandhungrigen. Mal abgesehen von den hybriden umzäunten und hermetisch abgeriegelten überteuerten Puppendörfern wie Djuni. Urlaub, wie ihn die Touristen im eigenen Land zelebrieren, ist für viele Bulgaren immer noch Luxus. Allerdings findet man in den Dörfern vor der türkischen Küste hin und wieder einfache und günstige Zimmer, die auch Geringverdienern zumindest ein paar Tage an der geheiligten Küste erlauben. Denn Urlaub an der Schwarzmeerküste gehört zu den nationalen Pflichtveranstaltungen eines »guten Bulgaren«, und irgendeine Unterkunft bei Bekannten lässt sich immer finden.

Zurück an die wohlbehüteten Massenstrände der Hauptsaison, wo immer stärker der »gated area«-Gedanke um sich greift. Hermetisch abgeriegelte Urlaubsräume, beschrankt und kontrolliert und teilweise nur gegen gesondert erhobene Tageseintrittspreise zu besuchen. Hier findet der Dorftourismus kombiniert mit einem überzogenen Sicherheitsdenken und -bedürfnis ganz neue Formen des erzwungenen erholsamen Zusammenlebens. Aber es ist wahrscheinlich tatsächlich so, dass man auch im Urlaub am liebsten »unter sich« ist, wer immer auch der andere sein mag. Ab und zu moniert man den Sterne-Standard, der in Bulgarien ein anderer ist und sich maßgeblich von den Qualitätskategorien in Österreich oder Deutschland unterscheidet, und beklagt sich leise über die Salami und den weißen Käse, der hier zum Frühstück gereicht wird. Bulgaren frühstücken selten oder gar nicht und das, was der Urlauber vorgesetzt bekommt, ist zumeist der Versuch eines adäquaten Frühstücks nach westlichem Vorbild. Mal mit mehr, mal mit weniger Liebe und Mühe zubereitet. Salami und Käse wird in Bulgarien immer gereicht, warum also nicht auch zum Frühstück. Mittlerweile hat sich der europäische Buffetstandard eingebürgert, ansehnlich drapiert und in vielen durchsichtigen Glasschüsseln kredenzt, die angebotenen Speisetische sind weltweit austauschbar, spätestens seit den »All you can eat«- beziehungsweise »All inclusive«-Aktionsangeboten. Und man trägt auch immer ein identifizierendes buntes Plastikbändchen um das Handgelenk, damit niemand verloren geht und alle wissen, wohin sie gehören und woher sie kommen.

Bulgarien gilt als eines der begehrtesten »Flatrate«-Urlaubsländer, was bedeutet, dass der Vollrausch bereits im Reisebüro gebucht werden kann. Vollzogen wird er dann oft schon zum Frühstück mit dem ersten Bier. Da ist dann kein Müsli mehr vonnöten für die Ballaststoffe. Große Gedanken macht man sich noch keine, schließlich ist man im Urlaub, und beide Seiten haben Teil an diesem Umstand. Die einen profitieren davon, die anderen glauben zu profitieren. Die einschlägigen Kneipen und In-Diskotheken sind gut gesichert. Selten kommt es zu größeren Ausschreitungen. An der Tür prangt meist groß der Aufkleber mit der durchgestrichenen Waffe. Ein eindeutiger Hinweis. Aber es gibt Situationen, wo der Türsteher einem gerne einen Blick unter seine Achselhöhle gewährt, wo im hellledernen Halfter eine kleine Pistole sitzt, und stolz sein Sakko wieder verschließt und süffisant lächelnd meint, dass diese Pistole echt sei. Abschreckung muss sein.

Die Küste bietet mittlerweile so ziemlich alles, was ein westeuropäisches Urlauberherz begehrt: Neben den geschlossenen Glas-Stahl-Clubs mit Bananenblätterbars zur Cocktaileinnahme im seichten Pool oder Paintball-Anlagen in Strandnähe, wahlweise Fallschirm- oder Brückenspringen oder aber exklusiven Höhlenübernachtungen sind es eher die kleinen touristischen Relikte, die den Charme der Bespaßung an der Küste ausmachen. So zum Beispiel die Geschäfte mit batteriebetriebenen Fahrzeugen für Kinder, die an jedem größeren Dorfplatz nicht nur an der Küste auf ihre kleinen Kunden warten und diese teilweise mit atemberaubender Geschwindigkeit durch Tauben- und Menschenansammlungen sausen lassen. Oder die alten Popcornautomaten an allen Ecken, die so vergilbt aussehen, dass man sich bei den weißgelben Maisflocken mit ihrer gummiartigen Konsistenz nicht immer sicher sein kann, was man da gerade zu sich nimmt. Oder die *Semki*-Verkäuferinnen, die geröstete Sonnenblumenkerne in selbst gebastelte kleine Tütchen aus Zeitungspapier füllen, oder die dicken Mais-Verkäuferinnen, die breitbeinig vor ihrem Kochtopf goldgelbe Kolben anbieten. Die Einfachheit der Verkaufsstände, das Unverfälschte der Waren als Gegensatz zu den schreiend-bunten Angeboten in den »Resorts« macht hier den lebens- und liebenswerten Unterschied. Freilich werden dabei auch Grenzen überschritten. Manch Kleinunternehmer bietet mit seinem Taxi Fahrten in den Großhandel an, was von Touristen gerne als Alkoholbeschaffungsmaßnahme genutzt wird. Oder er offeriert eine Fahrt zu »Land und Leuten« – zumeist eine Fahrt zu sich nach Hause, wo seine Frau dann ein typisch bulgarisches Mahl mit viel *Rakia* serviert. »Jämmerlich«, urteilt da ein verwöhnter Vier-Sterne-Schnöseltourist, der sich einmal gerne auf ein Abenteuer einlassen wollte, um zu Hause etwas erzählen zu können vom »wilden Balkan«.

Der Sommertourismus ist die Haupteinnahmequelle für viele Bulgaren. Studenten verdienen sich hier ihr Semester, Saisonarbeitskräfte kommen mit dem in den Monaten von Mai bis September verdienten Geld zumindest halbwegs durch den Winter in ihrem Heimatort. An den Stränden wird man mittlerweile auf dem Handtuch bedient. Ein junges dänisches Pärchen merkt die günstigen Preise und das schöne Wetter als Vorteile Bulgariens an. Sie turteln auf ihrem Tommy-Hilfiger-Imitat-Handtuch mit Longdrinkgläsern, die mit Lamettabuschen, Plastiksternchen und Strohhalmen verziert sind. Auch ein gezuckerter Glasrand und gespaltene Südfrüchte fehlen nicht. Ein verliebtes Prosit, hochprozentig und innig, um 9.30 Uhr morgens.

Nach leichten Sonnenbränden und einem ziemlich großen Gehirnzellenverlust, der sehr oft dem hochprozentigen einheimischen Fusel als Hauptbestandteil der »Flatrate-Angebote« geschuldet ist (irgendwo muss schließlich Gewinn gemacht werden, wobei man mit Markengesöffen vor Spätfolgen ebenso wenig gefeit wäre), beginnt nach zehn Tagen die Vorbereitung auf den Heimreisefrust. Busverfrachtung, das gequälte Lächeln der Hostessen, Sch…-Kanakenservice, und wehe, man besteigt den Flieger zu spät: »Wo bleibst denn, mia warten scho alle. Zenzi, a Bier und an Chivas mit Eis, is eh klar, oder …?«

Willkommen zu Hause.

Das Dossier des Bürgermeisters

Titel, Pokale und das Schneeräumkommando. Ein kurzer Blick in den Alltag des Sofioter Bürgermeisters Bojko Borissow

Von Angela Merkel scheint er tatsächlich begeistert zu sein. Er erwähnt das nicht nur höflichkeitshalber, nein, bei Frau Merkel geht er so weit, ein gerahmtes Bild auf seinem Schreibtisch zu präsentieren, auf dem er mit der deutschen Kanzlerin abgebildet ist. Bojko Metodiew Borissow, Bürgermeister der bulgarischen Hauptstadt Sofia, agiert jetzt auch international. Das muss er, »weil es die Menschen so wollen«, sagt er lakonisch. Überhaupt ist er kein Mann vieler Worte. Bojko Borissow ist der neue starke Mann Bulgariens. Und Bojko Borissow ist ein Polit-Popstar, wie es seit Schiwkow oder dem Zaren keinen mehr gegeben hat in diesem ärmsten Land der EU.

Mit beiden verbindet er eine berufliche und womöglich auch persönliche Vergangenheit. Borissow war mit seiner Sicherheitsfirma der letzte Leibwächter des Diktators Todor Schiwkow, als dieser 1995/96 bereits in Haft beziehungsweise unter Hausarrest stand. »Das ist ein großer und wichtiger Unterschied«, betont er. Politisch distanziert sich Borissow sehr eindeutig von dem ehemaligen Regime. Und er war erster Leibwächter von Zar Simeon II., der sich bürgerlich Simeon Sakskoburggotski nennt und der in Bulgarien empfangen wurde wie ein leibhaftiger Messias, ein Retter. Das war 1996. Todor Schiwkow starb zwei Jahre später im Hausarrest in seinem Heimatdorf Prawez. Unter Simeons erster Regierung avancierte Borissow zum Generalsekretär im Innenministerium und zum ersten Korruptionsjäger Bulgariens. Der politische Einfluss des Zaren ist seit der Niederlage bei den Parlamentswahlen 2005 nur mehr marginal und sehr hintergründig, nur »Bate Boyko« (in etwa »großer Bruder«), wie der Bürgermeister liebe- und zugleich respektvoll in Bulgarien genannt wird, ist noch da und aus dem Schatten seiner früheren Förderer oder Arbeitgeber herausgetreten. Und so wie es aussieht, wird er noch eine ganze Weile im Licht der Öffentlichkeit stehen. »Die Menschen haben mich quasi in die Politik getragen«, sagt Borissow. »Mein Amt als Generalsekretär im Innenministerium war kein politisches, dennoch hat man mich immer in die politischen Ratings aufgenommen. Und seit ungefähr acht Jahren habe ich die höchsten Umfragewerte in Bulgarien. Das ist eine unheimlich lange Zeit in der Politik in Bulgarien.«

Vor seinem Büro, rechts neben der Eingangstür, hängt eine bulgarische Urkunde, die ihn als »Mann des 21. Jahrhunderts« ausweist. Das ist vergleichbar mit so zweifelhaften Auszeichnungen wie »Sexiest Man Alive«, und doch ist es eine Ehrung in diesem Land. Sexappeal ist etwas, das nur selten zu finden ist bei Politikern. Weltweit. Es ist ein Attribut von Popstars und Schauspielern. Für den sportlichen Borissow ist es eine Art Basiskapital. Es vergeht kaum eine Woche ohne Borissow auf einer der Titelseiten der Zeitungen. Und wenn es einmal nicht der Titel ist, so zumindest das vordere Drittel oder ein buntes Foto in den Boulevardnachrichten. Der Bürgermeister ist medial omnipräsent. Dabei scheint es ihn wenig zu kümmern in welchem Zusammenhang. Seine Erscheinung und sein Verhalten sprechen alle an. Er ist sowohl Frauenschwarm als auch respektiertes Vorbild für den männlichen Teil der Bevölkerung. Jugendlichen dient er als Idol. Sein sportliches Image und seine Coolness, die sich auf verbale Knappheit und einen etwas schläfrig-starren Blick stützt, wird allgemein bewundert. Selbst Minderheiten und gesellschaftliche Randgruppen finden Borissow gut. »Bojko ist Superman«, meint Petar, ein vierzehnjähriger Roma aus einem der zahlreichen Wellblechweiler in der Nähe des Flughafens. »Wenn ich alt genug bin, werde ich ihn wählen«, setzt er hinzu. Borissow selbst interpretiert sein Ansehen mit seiner politischen Leistung. »Ich habe dieses Image, weil ich einfach nichts verspreche. Ich arbeite. Im Unterschied zu allen anderen Politikern stimmen die Menschen nur für mich, weil sie meine tatsächlich getane Arbeit sehen. Und dabei kennen sie auch meine Schwächen. Sie wissen, was sie von mir erwarten können und was nicht. Die Menschen kennen mich.«

Borissow begann seine Karriere als Feuerwehrmann. Der Kampfsport, den er professionell betrieb, brachte ihn bis in die bulgarische Olympiamannschaft bei den Karatekas. Borissow trägt den 7. Dan. Das ist in der Hierarchie der Karate-Graduierung bereits ein Niveau über dem schwarzen Gürtel. Schwarz ist die Farbe des Meisters, die alle anderen

Farben in sich vereint und »Ehrfurcht und Achtung einflößt«, wie es in Karatebeschreibungen zu lesen ist. Die Vergangenheit rückt ihn in der Bevölkerung ein wenig in den Dunstkreis der organisierten Kriminalität. Viele ehemalige Kampfsportler gründeten nach der Wende Sicherheitsfirmen und gingen in die Politik. »Bate Bojko« ist bislang nichts nachzuweisen und er ist über jeden Verdacht erhaben.

Borissow trägt gerne schwarz. Zu Beginn seiner Amtszeit als Sofioter Bürgermeister war er oft in einen langen schwarzen Ledermantel gehüllt zu sehen. Die medienwirksame Überwachung öffentlicher Maßnahmen gehört noch immer zu seiner Agenda. So beaufsichtigte er auch dieses Jahr den Einsatz der Schneeräumkommandos. Die Aussage, dass »Europa im Schnee versinkt, die Straßen von Sofia aber frei« seien, ist ihm nicht peinlich.

»Ich bin auch Doktor!«, sagt »Ing. Dr. Gen.-Leutnant Bojko Borissow, Bürgermeister«, wie es auf seiner Visitenkarte steht, sehr bestimmt und ein klein wenig genervt, so als habe man bei der Aufzählung seiner Meriten einen wesentlichen Punkt vergessen. Borissow führt den höchsten militärischen Rang Bulgariens im Titel, er ist seit 2005 Bürgermeister von Sofia, Vorsitzender einer der jüngsten und erfolgreichsten Parteien im Lande und wohl der nächste Ministerpräsident Bulgariens. Dass er auch den Doktortitel führt, hat man schlichtweg nicht gewusst. Das ist allgemein weniger bekannt. Aber hier in Bulgarien sind Titel wichtig in leitenden Positionen. Titel und Orden und Pokale. Und davon hat er beileibe genug. Borissow inszeniert sich gerne selbst. Er macht das nicht mit großen Shows und ausgedehnten Touren, wo er möglichst viele Hände schüttelt und viel lächelt. Bojko Borissow lächelt selten. Das schadet dem Image. Er konzentriert seine Präsenz auf die Medien. Dabei agiert er selten selbst. Borissow reagiert in seiner eigenen, äußerst coolen und zumindest nach außen »gelassen« wirkenden Art. Man erkennt ihn unter zahlreichen Teilnehmern einer Podiumspressekonferenz von Weitem. Er trägt selten eine Krawatte, und wirkt dennoch nicht stillos. Und meistens hängt er wie gelangweilt ein wenig schräg in den Seilen und verfolgt das Geschehen mit einem müden Augenaufschlag. Borissow ist definitiv cool, keine Frage. Und Borissow hat Stil. Einen sehr eigenwilligen, und einen, der über seine Antihaltung bei vielen Bulgaren gut ankommt. Vielleicht ist er ein Rebell, aber so würde er das nie sehen. »Alles, was ich bisher erreicht habe, habe ich erreicht, weil die Menschen es so wollten«, sagt er in einer selbstlosen Selbstverständlichkeit, die man ihm so nicht abnimmt. Sogar meine bulgarische Kollegin, die das Gespräch übersetzt, kann ein Lachen schwer unterdrücken und errötet. Das muss der Charme sein, der von ihm ausgeht. Ein erschlagender Charme, dem wenig entgegenzusetzen ist. Dem Rest entzieht er sich durch Schweigen.

Sein Büro im unscheinbaren Rathaus gegenüber der Kirche Sweta Sofia mit Blick auf die Newski-Kathedrale ist ein kleiner Trophäenschatz. Ein Beistelltisch überhäuft mit Pokalen. Über der Ansammlung silberner und goldener Trophäen, die mit bunten Bändern, an denen Medaillen hängen, durchwoben sind, thront ein breit gerahmtes Gemälde der »Glorreichen Sieben« mit Yul Brynner. Das sei nur ein Geschenk und habe keine besondere Bedeutung, meint Borissow. Die Heldenatmosphäre unterstützt es freilich eindrucksvoll. Die Karaffen und Pokale und andere echte oder unechte Gewinnerbehältnisse stehen für Borissows Erfolge im Karate, Tennis, Fußball, Auszeichnungen bei zahlreichen Benefizveranstaltungen und für die Leistungen seiner beiden bulgarischen Schäferhunde Borko und Suraya, die es bis zu einer Goldmedaille bei Hundeweltmeisterschaften gebracht haben. Um den Pokalgabentisch flankiert hängen zahlreiche gerahmte Bilder mit Menschen, die Bojko Borissow in seiner politischen Karriere bereits getroffen hat. Den Chef der CIA, des FBI, Vertreter von Europol, der deutschen Polizei und eben auch: Angela Merkel. Sie scheint als Einzige zweimal vertreten zu sein in der Publicity-Galerie. »Ich habe mich, wie Sie sehen, bereits mit fast allen wichtigen Persönlichkeiten der Welt getroffen.«

Borissow streckt seine Fühler nach den Erfolgen seiner Partei GERB Richtung Europa aus. Er gründete die Partei »Bürger für eine europäische Entwicklung Bulgariens« im Jahr 2006. Die konservative Partei gehört seit 2007 der Europäischen Volkspartei an. Bei den Wahlen für das Europäische Parlament erlangte sie im Mai 2007 einen Erdrutschsieg. Bei den Kommunalwahlen im Oktober des gleichen Jahres ging sie in den wichtigsten Großstädten des Landes als Sieger hervor. Borissow hält sich als offizieller Vertreter der Partei eher im Hintergrund. Er repräsentiert und lenkt. Ein Souverän, der sich langsam an sein neues Parkett gewöhnt. Auch auf dem Wiener Opernball war er bereits zu Gast. Getanzt habe er allerdings nicht, hieß es in den bulgarischen Medien.

Natürlich hat der Mann Kontakte, keine Frage. Das Gespräch endet beispielsweise mit der absurden Situation, dass Borissow ein sogenanntes »Geheimdossier« hervorzaubert. Er eilt zu seinem Schreibtisch, hinter dem ein überdimensionales Gemälde des Nationalrevolutionärs Wassil Lewski prangt, und zieht eine kartonierte Einschlagmappe aus der Schublade. Ein Dossier, das auch der Europäischen Kommission, dem Amt für Betrugsbekämpfung (OLAF) vorliege, sagt er. Ich sollte bis Donnerstag Stillschweigen bewahren, »sonst stirbt jemand«. Das Aufnahmegerät ist ausgeschaltet. Er öffnet die Kladde. Zu sehen ist ein Packen kopierter DIN-A4-Blätter, an der ersten Seite ist mit einer Heftklammer ein Foto befestigt. Es ist ein Standbild einer Überwachungskamera. Über die darauf abgebildeten Personen schreibe ich keine Zeile. Sie gehören zum Teil der höchsten Ebene der bulgarischen Regierung an. Die Kopien bestehen zum Großteil aus Einzahlungsbelegen, Kontoauszügen, Kontobewegungen. Korruption ist ein großes Problem in Bulgarien. Und Erpressung ist eine Art Sport, den viele Spitzenpolitiker des Landes beherrschen. Ohne schützendes »Dossier« scheint man sich nicht lange in einer Führungsposition halten zu können.

Doch so sehr man Borissow auch verdächtigen mag, selbst im Teich unter den Haifischen zu schwimmen, er räumt ein wenig auf in der Stadt. »Die einzigen Personen, die bislang wegen Korruption verurteilt worden sind, sind diejenigen, die ich der Staatsanwaltschaft ausgeliefert habe.« Das betrifft sowohl seine Zeit als Generalsekretär im Innenministerium als auch die Zeit nach 2005, seit seiner Ernennung zum Sofioter Bürgermeister. »Das waren Chefs von Gemeindefirmen, der Chef der Straßenbahn, der Chef der Heizungsfirma und der Chef der Firma für die Grünanlagen.« Dabei wird Borissow auch persönlich »instrumentalisiert«: »Derzeit will man mit einer gefälschten Unterschrift von mir Land und Boden in Sofia verkaufen. Dabei geht es um vierzehn Hektar. Das schicke ich der Staatsanwaltschaft, damit man die Leute festnehmen kann.« Das Geschäft ist skrupellos. Für die nächsten Ministerpräsidentschaftswahlen hat er gute Aussichten. Vor diesen haben vor allem die ehemaligen Kommunisten Angst, meint er durchaus ein wenig verschmitzt. Er präzisiert diese Aussage nicht, allerdings wird schnell klar, dass sie vor ihm Angst haben sollten, dem starken Mann aus Sofia. Der kurze Wortwechsel über seine politische Zukunft verläuft charakteristisch. Frage: »Sehen Sie sich als neuer Ministerpräsident«? Antwort: »Ich bin kein Hellseher.« Frage: »Naja, es böte sich doch an …« Antwort (mit einem breiten Grinsen): »Warum fragen Sie dann?« Die politische Karriere des Bojko Borissow ist noch lange nicht beendet, ganz im Gegenteil.

Balkan beats

»Chalga«-Rhythmen und bauchige Phänomene

An einem lauen Sommertag in einem Plattenbaugebiet, vielleicht in Sofia, vielleicht in einer anderen kleineren oder größeren Stadt in Bulgarien, auf einer Parkbank sitzen, eingerahmt von maroden Hochhäusern, im Rücken ein paar verrostete Kletterstangen, an denen die Jugend in der Dämmerung herumhängt. Die Hitze klebt noch in den Schluchten der bröckelnden Wände, die Fenster sind geöffnet, Lärm dringt auf die Straße, in die Häuserschlucht, auf den Hof. Gerede, Geschrei und Musik. Orientalische Rhythmen vielleicht. Ein stampfender Takt mit Zwischentönen, die mitteleuropäische Ohren schnell und pauschal in Richtung Orient verschieben. Es ist Samstagabend, und wer nicht »auf die Rolle« geht, der dreht zu Hause ein wenig auf, zum Beispiel *Radio Veselina*, oder er stellt den Ton der Flimmerkiste laut, *Planet Payner* liefert Partytöne rund um die Uhr.

Der Mann ist ein Phänomen. Er ist Roma, homosexuell und Transvestit. Drei Attribute, die ein Leben in Bulgarien unmöglich erscheinen lassen. Azis hingegen ist ein Popstar, ein Superstar. Seine Platten verkaufen sich wie warme Semmeln, er hat seine eigene Fernsehshow und spielte den Dieter Bohlen in Bulgariens Ausgabe von »Star Search«. Nur den Einzug ins Europaparlament hat man ihm verwehrt. Er wurde nicht gewählt. Man sieht diesen Mann lieber auf der Bühne als hinterm Rednerpult. »Exzentrisch« ist wohl die treffendste Bezeichnung für seine Erscheinung. Azis ist rundlich oder zumindest augenscheinlich beleibt. Seinen Bauch versteckt er nicht, ganz im Gegenteil, so manches Kostüm präsentiert die Wampe absichtlich. Manchmal ganz frei und offen, manchmal in ein maßgeschneidertes Mieder gepresst. Das Doppelkinn, muskulöse Oberarme, rasierte Beine, ein blondiertes Strichbärtchen um die Lippen, die Augen nach allen Regeln der Kunst bemalt und schattiert, so könnte man zumindest die äußerlichen Markenzeichen kurz beschreiben. »Schrill« ist noch so ein Adjektiv, das passen könnte. Azis singt, wie man sich einen Laien-Eunuchengesang vorstellen könnte. Hoch, fast obertonig, gepresst und schräg. Er trifft die Töne, keine Frage, und mit Sicherheit profitiert er vom regelmäßigen Gesangsunterricht, ein stimmliches Naturtalent ist er aber nicht. Er kombiniert Stimme und Darstellung in einer äußerst gekonnten, auch medienwirksamen Weise und produziert einen Hit nach dem anderen. Schmachtende Schnulzen zumeist, artifizielle Rhythmen kandiert mit einsam jaulenden Gitarrenriffs, ein Keyboard-Streichersatz für die Romantik und die changierende kehlige Stimme des Meisters sind erfolgreiche Zutaten im Azis-Hitmix.

Dabei ist Azis nicht nur Vertreter des *Chalga*. Er ist ein etwas außergewöhnlicher Schlagersänger. *Chalga* war ursprünglich die Bezeichnung für die orchestrale Hochzeitsmusik der Roma. Das Wort leitet sich vom türkischen *calgi* ab, was so viel wie »Instrument« oder »Musik machen« bedeutet. In

Bulgarien verzeichnet die Musikrichtung seit Ende der neunziger Jahre eine beispiellose Erfolgsgeschichte. Jährlich werden über siebzig Alben produziert, der Minimalausstoß bei den Singles liegt bei über zwanzig pro Monat. Das ist immens für eine Industrie, die wenige Jahre zuvor ihre silbernen Scheiben noch auf Klapptischen in Fußgängerzonen vertrieb. Doch »Payner«, »Sunny« oder »Ara« sind mittlerweile Massenindustrien, die weit mehr produzieren als simple Variationen balkanischen Neofolks. Die Popularität des *Chalga* ist keine bulgarische Besonderheit. Der serbische Turbofolk, der rumänische Manele oder die griechische Laika sind vergleichbare Erscheinungen, die sich wechselseitig munter beeinflussen und ergänzen. Zumeist als simple Übersetzung, ab und zu als mehr oder weniger gekonntes Plagiat. Auch die Rahmenbedingungen sind austauschbar. Halb nackte Frauenkörper in viel zu engen bis nicht vorhandenen Kostümen, Luxusattribute wie teure Autos, Glitzerschmuck, einfache bis stupide Texte, die die visuellen Vorgaben in schlechte Schüttelreime pressen. Das Ganze unterlegt mit zumeist aus Rhythmus- und Keybordprogrammen generierten »Sounds«, die tanzbar sind, fertig ist der zeitgenössische *Chalga*.

Mit den traditionellen Vorgaben der Hochzeitsmusik hat das freilich nur mehr wenig zu tun. Die Entwicklung des *Chalga* ist eng mit der »Mutrisierung« Bulgariens verknüpft. Als *Mutri* bezeichnet man in Bulgarien die zwielichtigen Gestalten aus Gewichts- oder Kampfsportarten, die sich nach der politischen Wende sehr erfolgreich der organisierten Kriminalität zuwandten. Chauvinismus und das schnelle Geld sind existenzielle Eckpunkte einer Mutrobiografie, in den Liedtiteln drückt sich das dann etwas vereinfacht etwa so aus: »Ich will hundert Mercedes« oder »Tiger, Tiger hast du Geld?« Der Tiger ist naturgemäß der tolle Typ, der von seinem halb nackten Weibchen angeschmachtet wird. Einer der ersten *Chalga*-Songs überhaupt hatte den eindrucksvollen Refrain: »Radka, malka Piratka, hopsa, hopsa.« Oder ein Klassiker von Azis im Duett mit dem Rapper Ustata: »Frauen waren schon immer weniger eine Zeitfrage als eine Geldfrage für mich.«

Größen der bulgarischen *Chalga*-Szene heißen Gloria, Gergana, Desislawa oder Iwana mit ihrem »Orchester der hundert Patronen«. Die Unterschiede zwischen den Damen liegen vornehmlich in der Haartönung. Die Plattenindustrie hat ein äußerst rentables Netzwerk an Folklore-Clubs im ganzen Land etabliert. Und die Popsternchen der Plattenlabels touren mehrmals im Jahr durch die Clubszene. Die Szene boomt, die Veranstaltungen sind ausverkauft oder zumindest sehr gut nachgefragt. Im Sommer werden Massenfestivals veranstaltet, zu denen die Besucher strömen. Der *Chalga* ist in der Mitte der Gesellschaft angekommen. Und er emanzipiert sich teilweise immer mehr von seinen grobschlächtigen Attributen. *Chalga* verbindet Generationen, und jenseits der Kritiken der naserümpfenden Puristen ist der *Chalga* einfach gut gemachte Unterhaltungsmusik. Dabei profitiert er auch von der Einbeziehung traditioneller bulgarischer Lieder und Texte in sein Repertoire. Lieder aus der Zeit der Befreiungskämpfe und der Unabhängigkeit, politische Volkslieder über Partisanen und Freischärlerliebe. Vor allem Slawi Trifonow, der bulgarische Late-Night-Star, der als Sänger seiner eigenen Late-Night-Band vorsteht, bedient sich gerne der nationalistischen Folkloreschiene. Mit »Sieben, acht – ich leg dich flach« hat er sich auch in die Annalen der *Chalga*-Textliteratur eingeschrieben. Und eben Azis, das Phänomen. Er lässt sich so gar nicht in die gängigen Ikonen-Schemata pressen. Er trägt keine Tracht und ist kein »Mann«, wie man sich landläufig einen singenden Helden vorstellt. Azis ist schwul und dennoch ist er keine Persönlichkeit der Homosexuellenszene in Bulgarien. Denn zum einen ist Azis Roma, gehört einer noch immer weitgehend unterprivilegierten ethnischen Schicht an oder kommt zumindest aus dieser, zum anderen hat Azis Kinder. Kinder aus einer Ehe oder künstlich gezeugte, das wird auch in Gesprächen nie ganz klar. Die Nachkommen wachsen nicht in Bulgarien auf, um sie nicht unnötigen Anfeindungen auszusetzen. Azis ist inoffiziell mit einem Mann verheiratet, er ist damit einer der wenigen Vorreiter für die Gleichberechtigung Homosexueller in Bulgarien, dennoch scheint er zu exzentrisch, um diesem Anliegen politisch oder gesellschaftlich wirklich dienlich zu sein. Azis ist ein schräges Phänomen, ein Unikum, und mittlerweile nicht mehr wegzudenken aus der alles andere als konformen Poplandschaft des Balkanlandes.

Auf dem Weg nach Europa

Bulgarien und die Donau

In wohl keinem der Anrainerstaaten fließt die Donau in so einer selbstverständlichen Bedeutungslosigkeit dahin wie zwischen Bulgarien und Rumänien. Allein die Tatsache, dass auf circa vierhunderteinundsiebzig gemeinsamen Flusskilometern nur eine einzige Brücke die beiden Länder verbindet, spricht Bände. Die Bezeichnung als »Brücke der Freundschaft« zwischen Ruse und Giurgiu darf getrost als Euphemismus bezeichnet werden. Das Interesse an dem jeweils anderen Land hält sich auf beiden Seiten in Grenzen. Man ist sich bis heute nicht ganz »grün«, um das ein wenig oberflächlich zu umschreiben. Zwar scheint ein langjährig geplantes Projekt bei Widin tatsächlich realisiert zu werden und eine neue, zweite Brücke ist im Entstehen. Bis dahin setzen die Lastwagen hauptsächlich mit einer Fähre über, die ein paar Kilometer stromabwärts bei Oriachowo verkehrt.

Dabei hinterließ die Geschichte bedeutende Spuren an den Ufern der bulgarisch-rumänischen Donau. Manch einer geht gar so weit zu behaupten, die Donau sei der wesentliche Grund für eine europäische Zivilisation in Bulgarien: »[…] wenn jemand die Donau hinauf nach Wien fuhr, sagte man, er fährt nach Europa.«

Bis auf eine kurze Ausnahme Anfang des 20. Jahrhunderts verortet man Bulgarien hauptsächlich südlich der Donau. Das Städtchen Silistra verzeichnet dabei einen traurigen kleinen Rekord: Fünfmal wechselte die einstige römische Siedlung das staatliche Ufer. Wurde es nach der Befreiung vom Osmanischen Reich Bulgarien zuerkannt, gehörte es 1913 und 1918 kurzzeitig zu Rumänien, bis es nach Ende des Zweiten Weltkriegs endgültig dem bulgarischen Hoheitsgebiet zugesprochen wurde.

Der Fluss bedeutete schon immer eine Grenze. Kolonien und Befestigungen der Griechen und Römer in Widin, Nikopol, Swischtow und Silistra waren Stützpunkte, die aus der Marginalität herausfielen. Swischtow ist übrigens der südlichste Punkt, den die Donau in ihrem Fluss erreicht. Schon die Römer nutzten die Wasserscheide bis auf eine Ausnahme als Limesfortsetzung. Für das Osmanische Reich war der nördliche Donauraum bis Ende des Ersten Weltkriegs Hoheitsgebiet.

Anfang des 20. Jahrhunderts erlangte Ruse bei Flusskilometer vierhundertsechsundneunzig wachsende Bedeutung. Die Stadt fungierte nicht bloß als bedeutendes Handelszentrum, als Drehkreuz zwischen Ost und West, Nord und Süd, sie war auch ein wichtiges politisches und diplomatisches Zentrum. Alle Großmächte unterhielten hier Konsulate. Ruse war somit eine der ersten »europäischen« Städte in Bulgarien, sieht man einmal von der Küstenstadt Warna und ihrem Kurtourismus ab. Dieser ehemaligen Bedeutung wird Ruse heute nicht mehr gerecht. Man findet eine hübsche Fußgängerzone, umsäumt mit Häusern aus der Jahrhundertwende, die einst Konsulate beherbergten, ein monumentales Finanzhaus und einige Wiedergeburtshäuser, die für die bulgarische Tradition und Geschichte pittoreske Meilensteine sind. Aber Ruse scheint noch auf der Suche nach dem Aufbruch.

Ljuben Dakow ist ein Glücksfall. Es gibt wahrscheinlich nur wenige Menschen, die Ruse und die Donau in ihrer Biografie so vereinen wie der Kapitän im Ruhestand. Wir treffen ihn im Geburtshaus Elias Canettis, jenes Dichters, der seine Heimatstadt Ruse in der Weltliteratur verewigte. Dabei hat Canetti nur bis zu seinem fünften Lebensjahr das Haus in der Gurkostraße bewohnt. Ljuben Dakow bezieht es fünfunddreißig Jahre später mit seiner Familie. Zu diesem Zeitpunkt ist er fünf Jahre alt. Aber nicht nur die Verbindung zu dem Dichter, in dessen Geburtshaus er noch heute lebt, zeichnet ihn aus. Ljuben Dakow hat als Kapitän auf der Donau gearbeitet und ist die Donau hinaufgefahren. Zeit seines Lebens, als Kapitän. Und er ist einer der wenigen Kapitäne, dessen Schiffe noch mit der Eisenbahn durch die Kataraktenstrecke flussaufwärts gezogen, »getreidelt«, wurden. Ziel war ein Hafen im Westen, in »Europa«. Die eigenen Ufer wurden seltener angesteuert, auch wenn Bulgarien mit Widin, Lom und Ruse über drei große Industriehäfen verfügt.

Die Kataraktenstrecke ist dank massiver Staudämme heute ein ruhiges Fahrwasser. Auch die Fahrt auf dem bulgarischen Abschnitt ist nun sicherer, dennoch wird jede Veränderung des Donaugrundes von den Kapitänen auch heute noch akribisch festgehalten. Selbst auf den modernen Kreuzfahrtschiffen, die mit allerneuester Technik navigieren, halten die Kapitäne Sandbänke mit Bleistift in ihren Flussbüchern fest. Seitenmarkierungen der Fahrrinne fehlen im Vergleich zu den anderen Donauabschnitten westwärts fast völlig. Der Fluss wirkt unbefestigt und haltlos zwischen Rumänien und Bulgarien. Hier ist man auf sich allein gestellt. An diesem Donaustrom befindet sich mit Kozlodui das einzige Atomkraftwerk Bulgariens. Ein zweites wird gerade trotz massiver internationaler Sicherheitsbedenken in Belene errichtet. Im Hinterland tummeln sich verwunschene und verträumte Steine in Belogradtschik oder wunderbare Felslandschaften im Russenski Lom, doch auf weiten Strecken herrscht eine große Ödnis vor der natürlichen Grenze. Im Gegensatz zu Rumänien gibt es an der bulgarischen Uferseite Dünungen und die unglaubliche Anzahl von fünfundsiebzig Inseln. Die größte ist zugleich trauriges Mahnmal der Geschichte. Auf der Insel Belene wurde 1941 ein Konzentrationslager errichtet, das auch den Kommunisten nach dem Krieg als KZ diente. Es gibt Aufzeichnungen über schlimmste Folterungen. Eine Aufarbeitung fand bis heute nicht statt. Belene beherbergt noch immer eine Justizvollzugsanstalt und ist für die Öffentlichkeit nicht zugänglich. Nur einmal im Jahr ist es einer kleinen Delegation erlaubt, über die schwer bewachte Brücke zu gehen und kurz vor dem Denkmal für die Opfer der Regime auf der Insel innezuhalten und Blumen niederzulegen.

Auf der Busfahrt von Ruse nach Bukarest macht der Fahrer Sekunden nach dem Start einen kurzen Abstecher in die Fußgängerzone. Er müsse »noch kurz einkaufen«, lässt er verlauten, und verschwindet in einem Laden. Viele Produkte, vor allem Frischwaren, Obst und Gemüse, sind in Bulgarien noch immer wesentlich günstiger zu erwerben als in Rumänien. Die »Brücke der Freundschaft« ist übrigens die längste Stahlbrückenkonstruktion in Europa. Es sind nur 2,8 Kilometer Fahrt zwischen dem bulgarischen und dem rumänischen Ufer, die gefühlte Distanz hingegen scheint weit größer zu sein.

Kindersuppe

Bulgarien ist ein kinderfreundliches Land

Auf den Ablagen über den schmalen Holzspinden liegen weiße Blätter. Auf jeder Ablage eines. Auf jedem Blatt Papier sitzt ein kleiner Buntpapierigel auf einer Wiese. Der Igel ist aufgeklebt auf einem grünen, leicht zittrig mit Buntstift gemalten Strich. Ein Blatt gleicht dem anderen. Sie sind nahezu identisch. Es handelt sich um eine Bastelarbeit unserer Gruppe in der *Jasla,* der Kinderkrippe. Die Kinder sind alle ungefähr zwei Jahre alt. Vermutlich hat keines von ihnen seinen Igel selbst verfertigt. Auch wenn diese Unterstellung unbewiesen bleiben muss. Unsere *Jasla* heißt »Glück«. Ein Kleeblatt prangt tannengrün und leicht verblasst über dem Eingang. Daneben die obligatorische Nummer. Keine Hausnummer, sondern die Einrichtungsnummer, in unserem Fall 34. Ein unauffälliges Domizil inmitten einer Hochhaussiedlung, mit einfachen Spielgeräten vor dem zweistöckigen Flachbau, der von bekletterbaren Betonskulpturen dominiert wird, die immer noch an »den Sozialismus« erinnern. Kleine Betonskulpturen Sport treibender Jungen und Mädchen, eine Elefantenrüsselrutsche, ein Kanu aus Metall. Im Sommer frisch gestrichene Leitern an den Rutschen, im Herbst abblätternde Farben an den Klettergerüsten, bei schlechtem Wetter Tristesse. Doch der Eindruck trügt. Im »Glück« geht es den Kindern gut. Das

»Glück« ist für ein- bis dreijährige Kinder zuständig. Danach wechselt man in den Kindergarten, hier in den direkt daneben befindlichen »Kosmonaut«. Eine Rakete aus Metallstangen ziert den Mittelpunkt des Spielplatzes. Ein würdiges Spielgerät für den »Kosmonauten«. Raketen sieht man hier allüberall und häufig auf Spielplätzen. Dabei gab es nur zwei Kosmonauten aus Bulgarien im All.

Im »Glück« muss man gleich nach dem Betreten die Schuhe ausziehen und in bereitstehende Filzschlappen schlüpfen. Nur die Kinder dürfen die Schuhe anbehalten. Das Personal trägt bis auf den Hausmeister weiße, halblange Kittel und weiße Hosen. Der Hausmeister trägt dunkelblau. Man fühlt sich ein wenig wie in ein Krankenhaus versetzt, und tatsächlich geht es um so etwas wie Reinlichkeit. Kein Kind darf außerhalb der Gruppenräume krabbeln oder toben oder gehen. Einmal entdecken wir eine Ameisenstraße, die wir aber nicht verraten. Die Betreuerinnen werden mit *Lele*, das heißt so viel wie »Tante«, und ihrem Vor- oder Nachnamen angesprochen. Die Kinder haben jedes einen eigenen Spind mit einem kleinen bunten Bildchen, so wie man das auch in Deutschland oder Österreich kennt. Auf den Mützenablagen liegen Kopfbedeckungen und die gefertigten Bastelarbeiten. Es sind die Arbeiten aus der Frühstücks- oder Mittagspause der *Leles*. Unser Sohn Elias meint, der zittrige grüne Strich sei von ihm.

Dann wird eine Klingel neben dem Gruppenraum gedrückt, die Tür öffnet sich und das Kind wird abgegeben. Auf den Arm übergeben oder in den Raum geschoben. Eltern dürfen den Gruppenraum nicht betreten. Die Kinder schreien. Die Eltern gehen.

Bulgarien ist ein sehr kinderfreundliches Land. In Zeiten des allgemeinen Bevölkerungsrückganges, wo man sich vermehrt den einstmaligen DINKs (für die, die es schon vergessen haben: »Double Income No Kids«) oder zumindest einer steigenden Anzahl von Singlehaushalten gegenübersieht, ist es wichtig, das zu betonen. Mit Kindern in Bulgarien unterwegs zu sein bedeutet auf jeden Fall, einen höheren Zeitaufwand einzurechnen. Das liegt weniger am Mangel an Einrichtungen für Kinder, sondern vielmehr an den ehrlichen Zuneigungsbekundungen wildfremder Menschen.

Als wir zum ersten Mal in Bulgarien von einer jungen Familie Besuch erhielten, mussten die Eltern ihren Kleinen erst aus den Händen ein paar Reihen vor ihnen sitzender Mitfahrer »erlösen«, weil der Kleine die ganze Fahrt über durch den Bus gereicht worden war, was ihm offenbar sehr viel Spaß gemacht hatte.

Elias besuchte ab seinem zweiten Lebensjahr die Kinderkrippe. Er war insgesamt nur ein paar Monate im »Glück«. Ganz allein, täglich eineinhalb Stunden. Unsere *Lele*, die Gala hieß, schien sich rührend um Elias zu kümmern. Auch *Lele* Vitscheva, die einen leichten Oberlippenbart hatte, war stets zuvorkommend, freundlich und auskunftsbereit. Elias hat wenig Erinnerung an die Zeit. Damals begann er zwar, einige Worte Bulgarisch zu sprechen, was uns Hoffnung auf den begehrten Synapsensprung der Zweisprachigkeit im frühkindlichen Alter machte. Aber das Wenige, was er wusste, hatte er kurz nach unserem Bulgarienaufenthalt vergessen. Und bis heute weigert er sich, eine oder zwei ihm durchaus noch geläufige Vokabeln zu kommunizieren. Was uns grundlos eine Zeit lang eine traumatische Erfahrung vermuten ließ, die Elias in der *Jasla* gemacht haben musste. Kollektive Töpfchenrunden, um das Kind möglichst schnell sauber zu bekommen, freies Spiel und zittrige grüne Striche, viel mehr war nicht drin in der kurzen Zeit. Glück gehabt. Woran er sich hingegen immer wieder erinnerte, war das Essen.

Es gibt in Bulgarien die großartige Einrichtung der *Detska Kuchnija*, der Kinderküche, in der alltäglich ein Drei-Gänge-Menü für drei verschiedene Altersstufen gekocht wird, das nicht nur sehr preiswert ist, sondern auch abwechslungsreiche nährstoffreiche, immer frisch zubereitete Speisen bietet. Grundausstattung für ein Menü in der Kinderküche sind drei große leere Einmachgläser, die man ausgewaschen und gereinigt von zu Hause mitbringt, um sie an der Theke neu füllen zu lassen. Eines für die Vorspeise, zumeist eine Suppe, eines für die Hauptspeise, ein in der Konsistenz ebenfalls suppenartiges Gericht, eines für die Nachspeise, eine suppige Süßspeise. Der prozentual hohe Flüssigkeitsanteil der Gerichte ist dem Alter der Kinder geschuldet, keine Frage. Der Würzgrad ist niedrig, der Geschmack für den elterlichen Gaumen zumindest gewöhnungsbedürftig, aber das ist er bei den Industriegläschen aus dem Handelsregal auch. Erstaunlich nur der ausgeprägte Süßungsgrad der Nachspeise, der selbst meiner Frau mundete, die allerdings eine DDR-Schulspeisung in der Geschmacksbildung aufweisen kann, was die Zuneigung erklären mag. Wichtig und informativ bei solchen Einrichtungen sind die Anstehsituationen, das »Warten in der Reihe«. Als Mann fällt man dort auf. Da steht man zumeist allein. Männer kümmern sich in Bulgarien öffentlich nur beim Sonntagsspaziergang um den Nachwuchs. Die Suppenausgabe erinnert in groben Zügen an Mensa-Essensausgaben oder Kantinentheken. Weiß bekittelte Damen mit großen Kellen füllen Esssubstrat in Behältnisse. Der Speiseplan hängt links oben in der Ecke, im schrägspitzen Winkel über der Eingangstür und interessiert meistens niemanden. Die erste Station ist das Kassenhäuschen, das nach Bezahlung die korrekte Anzahl an Billets ausgibt, die ein wenig an Kinokarten erinnern. Nicht alle ordern ein Drei-Gänge-Suppen-Menü. Das Küchenpersonal fungiert – anders als in den erwähnten betrieblichen Einrichtungen – als Sprachrohr und Kommunikationsbasis für alle möglichen Themen. Von Kinderkrankheiten über Parlamentswahlen bis zu Beziehungsproblemen ist immer Zeit für ein paar Sätze vor und beim Einkellen der Sättigungsessenzen. Während unseres Aufenthalts gab es einen Fernsehmoderator in einem ultranationalistischen Fernsehsender, der Deutscher war und die Herzen der Ausgabekellendamen im Sturm erobert hatte. Sein Name war Nick Stein, er trug einen blonden Mittelscheitel, die Haare fielen bis auf die leicht geröteten Wangen, volle Lippen, ein wenig der Anflug eines blonden Traumes bulgarischer Schwiegermütter, und er setzte sich vehement für die Rechte der Bulgaren in Bulgarien ein, für die Nation, gegen Minderheiten, vor allem gegen die türkische Minderheit in Bulgarien. Nick

Stein war beliebt, und ich wurde permanent auf ihn angesprochen und durchaus hofiert mit meinen Einmachgläsern, da ich doch aus dem gleichen Land wie Nick Stein stammte, auch wenn ich weit davon entfernt war, seine Meinung zu teilen, ganz im Gegenteil. Den Sender gibt es immer noch und er ist als weitreichendes Sprachrohr der Ultranationalisten, der sogenannten »Attak«-Partei, eigentlich komplett ungenießbar. In Bulgarien wird er vor allem auf dem Land immer noch gerne gesehen und die Partei bedient mehr eine Nische. Der Journalist Stein stolperte dennoch wenig später über seine rassistischen Aussagen und wurde gekündigt.

Da hatten wir die Kinderküchenzeiten bereits hinter uns und Elias aß längst nicht mehr Flüssiges aus Einmachgläsern. An die »Suppe« erinnert er sich allerdings bis heute, auch wenn sie ohne Geschmack war.

Das Schaufenster der Kathedrale

Ansichten und Aussichten vom Glockenturm der Alexander-Newski-Kathedrale in Sofia

Dreihundertdreißig Stufen sind es bis nach oben. Die Zahl kennt Maria Zabowa auswendig. Seit sechsundzwanzig Jahren steigt sie sie regelmäßig hinauf, in die kleinere der beiden Kuppeln der Alexander-Newski-Kathedrale im Herzen von Sofia. Samstags, sonntags, feiertags und zu außergewöhnlichen Festivitäten ist die achtzigjährige Sofioterin im Dienst, um die insgesamt zwölf Glocken zum Klingen zu bringen. Sie ist die wahrscheinlich älteste Glöcknerin der Welt.

Man beginnt am besten unten, vor dem Wahrzeichen der bulgarischen Hauptstadt, auf dem Hauptplatz der Kathedrale. Hier, auf dem groben Kopfsteinpflaster, rüsten sich morgens Devotionalien- und Nippeshändler, die zumeist als Antiquitäten getarnte Altwaren, versehen mit roten Sternen aus der Zeit des Kalten Krieges, allerlei Blechschilder und auch Ikonen feilbieten. Auf einem der ehemals größten Aufmarschplätze der Stadt, wo am Wochenende die alten Frauen ihre Häkeldeckchen und Strickwaren in Büsche und auf Bäume hängen. Wo am 6. Mai, dem Georgstag, noch immer das Militär vorbeimarschiert und ein unheimliches »Hurra« für ihren Schutzpatron brüllt und schon mal als Reminiszenz an alte

Zeiten Panzer und Tiefflieger durch die Szenerie jagt. Wo hohe Staatsgäste laut Protokoll ehrfürchtig erstarren, wo ein paar Mal im Jahr bei freiem Eintritt und aufdringlicher Kommerzpräsenz Balkan-Beats aus Boxentürmen wummern und wo Demonstrationszüge Parolen skandieren. Direkt nebenan befindet sich das bulgarische Parlamentsgebäude. Meistens ist es jedoch ruhig hier und das Kopfsteinpflaster bietet ausreichend Platz zum Parken und Wenden. 1912 wurde der Bau der Kathedrale vollendet. Aus Dankbarkeit sei sie errichtet worden, aus Dankbarkeit eines ganzen Volkes für die Unterstützung vor allem des russischen Militärs im Befreiungskampf gegen die osmanischen Besatzer. Etwa zweihunderttausend russische Soldaten ließen damals ihr Leben. Sechzehn Jahre lang hat man gebaut. Siebentausend Gläubige finden in ihr Platz. Im letzten Jahr vor der Einweihung, im Herbst 1911, erreichte ein Sonderzug aus Moskau den Hauptbahnhof Sofia. Seine Ladung: zwölf Glocken für die Kathedrale.

»Die schwerste wiegt ungefähr zwölf Tonnen. Dann sechs, drei und so weiter. Immer die Hälfte. Damit es gut zusammen klingt«, sagt Maria. Und setzt ganz unbescheiden hinzu: »Normalerweise läutet man nur eine oder zwei Glocken. Ich läute alle!« Maria ist stolz auf das, was sie im Glockenturm macht. Sie nennt es Dienst, nicht Arbeit. Schon der Aufstieg bringt den Kreislauf gehörig in Schwung. Er beginnt in der Hauptkirche, beim Aufgang zum Chor. Ein niedriges Holztürchen, das wie ein kleines Gatter den Aufgang versperrt. Hinter dem Chor treten wir in die kleine Kuppel zurück, über die Dächer der Verkaufsbuden, die im Eingangsbereich Postkarten, Heiligenbildchen und Kerzen verkaufen. Vor allem Kerzen werden nachgefragt. Zu zehn, zwanzig oder fünfzig Stotinki das Stück. Entzündet werden sie zum Beistand oder zum Andenken, die hohen Ständer für die Lebenden, die niedrigen für die Toten.

Das Turmtreppenhaus ist eng. Eine steile Wendeltreppe schlängelt sich nach oben. Die Wände hinterlassen weiße Spuren auf Jacke und Mantel. Unter dem Glockengestühl befindet sich ein großer, hallenartiger Raum. Maria hält an und lehnt sich gegen das Geländer, macht ein paar Liegestütze in der Schräge. »Dehnungsübungen«, meint sie knapp. »Wie spät ist es überhaupt?« In der Newski-Kathedrale gibt es keine Uhr, an der sie sich orientieren könnte. Sie blickt durch die Fenster auf ein einfaches Ziffernwerk schräg gegenüber am Giebel der Akademie der Künste, oder sie nimmt ihr Mobiltelefon zu Hilfe. Eine Uhr trägt sie nicht. Eine Minute mehr oder weniger stört ohnehin nicht, auch wenn sich der Beginn des Gottesdienstes allein nach den Glocken richtet. Start und Länge des Läutens hat Maria im Gefühl.

Die zweite große und berühmte Kirche Sofias, die Sweta Nedelja in der Nähe des Präsidentenpalastes, ist technisch bereits auf dem neuesten Stand und besitzt ein automatisches Läutwerk. Aber hier wird auch sehr viel häufiger geläutet als in der Kathedrale. Die Sweta Nedelja ist die beliebteste Hochzeitskirche Sofias und hat eine eher ungewöhnliche Geschichte für ein Gotteshaus. 1925 wurde hier ein Attentat auf den Zaren versucht, dem zahlreiche Gläubige zum Opfer fielen. Der Zar war an jenem Tag gar nicht zum Gottesdienst erschienen. Bis heute sind die genauen Umstände ungeklärt, als Auftraggeber des Anschlags, der die Kirche massiv beschädigte und bei dem hundertfünfzig Menschen starben, gilt die Kommunistische Partei. Ein historisches Kuriosum: In der Kuppel der Kirche betrieb der bulgarische Geheimdienst bis kurz vor der Wende ein Büro. Heute werden vor allem samstags Ehen am Fließband geschlossen. Während die Frischvermählten noch vor der Kirche für das Hochzeitsfoto posieren, hupen die nächsten Heiratswilligen bereits in der Auffahrt.

In der Newski-Kathedrale ist das Glockenläuten also noch Handarbeit. Maria hat ein »breites Kreuz«, wie man so sagt. Früher sei sie gerudert, damals, an der Uni. Daher die gute Form. Maria lehnt sich an den Klöppel der zweitgrößten Glocke. »Der hier ist ungefähr achthundert Kilogramm schwer.« Sie schwingt ein wenig hin und her, dehnt Oberarme und Rücken. Anders als in den meisten mitteleuropäischen Kirchen befindet sich der Seilzug zum Läuten der Glocke direkt am Klöppel. Maria beginnt mit den großen zwölf und sechs Tonnen schweren Hauptglocken. »Um jede einzelne der Glocken zum Klingen zu bringen, braucht man ein gesundes Herz.« Und sie meint das durchaus mehrdeutig. Zum einen zeugt es von einer unheimlich starken und ausdauernden Physis. Denn jetzt steigt Maria in den Glockenstuhl und beginnt das Spiel mit den übrigen zehn Glocken. Zum anderen meint sie das auch metaphorisch. Es gibt keine vorgeschriebene Melodielinie, der sie zu folgen verpflichtet ist. »Die Melodie kommt von Gott«, meint sie. Ihre Kollegin Tanya Valchanova bestätigt diese lakonische Antwort. »Jeder Glöckner beziehungsweise jede Glöcknerin hat die Freiheit, seine oder ihre eigene Melodie zu gestalten. Die Hauptsache ist, dass es gut klingt«, sagt Tanya. »Es muss sich einfach schön anhören.« Tanya ist vierzig, halb so alt wie Maria. Sie schafft das Pensum von Maria nur mit einer Kollegin. Dass derzeit drei Frauen als Hauptglöcknerinnen fungieren, ist außergewöhnlich. Tanya nennt das Zufall. Ein Auswahlverfahren gibt es nicht. Kenner würden unten auf dem Vorplatz hören, wer oben im Gestühl die Glocken schlage, meint sie. Die Unterschiede seien deutlich zu hören. Jede spiele ein wenig anders.

Bevor Maria beginnt, stopft sie sich Wachsstöpsel in die Ohren. Die nächsten zwanzig Minuten wird es laut werden. Zuerst die kleinen Glocken, deren hohe Töne vereinzelt über die erwachende Hauptstadt plätschern. Die Sonne strahlt. Aus den Straßen und Gassen erhebt sich herbstlicher Nebel. Witoscha, der Hausberg der Stadt, liegt majestätisch in der Morgensonne. Man hat einen erhabenen Blick von hier oben. Alles liegt ruhig im langsam erwachenden Morgen. Westlich der rote Backsteinbau der Kirche der Heiligen Sophia, Namensgeberin der Stadt und zweitälteste Kirche, ursprünglich erbaut im 6. Jahrhundert. Zur Zeit der osmanischen Besatzung diente sie als Moschee, hier finden am Denkmal des unbekannten Soldaten mit einem ewigen Feuer die Kranzniederlegungen der Staatsgäste statt, auf der Rückseite ist der bulgarische Nationaldichter Iwan Wasow beigesetzt.

Maria blickt nur noch selten auf die Stadt zu ihren Füßen. Nach dem kurzen Vorspiel bündelt sie die vier Glocken und bewegt alle anderen über Seilzüge. Mit Händen und Füßen. Glockenläuten ist ein

Ganzkörpersport. Der Kopf ist erhoben, der ganze Körper vibriert und wippt im Takt. Mit der Hand greift sie in die schweren Drahtseile. Maria gibt ihr sonntägliches Konzert. Ein erhabenes Konzert, aber auch eine Art freie Improvisation. Es ist nicht mehr weit bis zum Free Jazz, zum Free Glockenjazz, könnte man meinen.

»Alles beginnt und endet mit den Glocken«, meint Maria. Als 1994 die bulgarische Fußballnationalmannschaft nach der erfolgreichen Teilnahme an der WM in den USA, in der sie unter anderem das deutsche Team im Viertelfinale aus dem Wettbewerb warf, mit einem Empfang in der Hauptstadt geehrt wurde, stand Maria fast eineinhalb Stunden zwischen ihren Glocken und läutete für den Fußball.

»Das Leben einer Glöcknerin ist nie eintönig oder langweilig. So etwas wie Routine gibt es nicht.« Dafür ist die Aufgabe zu verantwortungsvoll und ehrenhaft, auch wenn Maria klingt, als wäre es eine Selbstverständlichkeit, zwanzig Minuten en suite Glockenmelodien zu kreieren, die hypnotischen Charakter besitzen.

»Es gibt immer neue Herausforderungen.« Zu ihren schönsten und erhabensten Momenten im Glockenturm gehört der Besuch der Ikone der heiligen Maria Bogorodiza aus Jerusalem. »Als sie in einer Prozession hierher in die Kirche getragen wurde, habe ich zwei Stunden geläutet.« Die Prozession verlief von der Heiligen Synode bis in die Kathedrale und zurück. Die Glocken tönten ununterbrochen. An den Seilen: Maria Zabowa. Oder die Rückkehr des Zaren. Drei Stunden am Stück läutete sie die Glocken beim triumphalen Empfang, den die Bulgaren Simeon von Sakskoburggotski im Mai 1996 bei seiner Rückkehr aus dem Exil bereiteten. »Die Glocken sind das Schaufenster der Kathedrale«, sagt Maria. Und sie sind wohl auch ein bisschen das Schaufenster der Gesellschaft.

Das imposante Bauwerk, das als Wahrzeichen der Hauptstadt gilt, überragt größenmäßig alle anderen Sehenswürdigkeiten in der Nähe bei Weitem. Das protzige Universitätsportal ebenso wie die eher schlichte Galerie für ausländische Kunst mit über dreitausendzweihundert Quadratmetern Ausstellungsfläche. Das Parlamentsgebäude erscheint im Vergleich als eher niedlicher Flachbau, das Rathaus oder besser Bürgermeisteramt erkennt nur der, der weiß, wo es sich befindet, nämlich direkt gegenüber der Sophienkirche.

Nach getaner Arbeit streift Maria ihre Handschuhe ab und eilt nach unten. Ihr nächster Dienst beginnt in wenigen Minuten. Sie ist mit Leib und Seele der Kirche verpflichtet, nein verbunden. Sie sagt, sie sei »programmiert«. Sie funktioniere wie ein Uhrwerk, sei immer pünktlich und verpasse nie einen Dienst. Sie habe in ihrem Leben keine zwei Tage am Stück ohne den Besuch eines Gottesdienstes verstreichen lassen.

»Besuchen Sie doch die Messe, ich singe im Chor«, meint sie aufmunternd, und steigt die circa zweihundert Stufen bis zur Empore, wo der Chor sitzt, hinab, um der großen Kuppelhalle ihre Stimme zu leihen. Die Stadt hat sie an diesem Sonntagmorgen bereits beglückt, mit dem Klang »ihrer« Glocken.

Das jenseitige Gesocks aus Sofia

Ein Besuch bei dem Schriftsteller Georgi Danailow

Das Dorf liegt völlig ruhig, fast lautlos am Hang. Es hat sich den Finger an die Lippen und über die Gassen gelegt, seit Jahren schon. Es ist unmöglich zu sagen, ob es sich um einen Wochentag, einen Feiertag oder einen Sonntag handelt. Die Atmosphäre verändert sich nur marginal. Frühmorgens streunen ein paar Ziegen, Schafe und zwei Kühe durchs Dorf, die auf die steilen Weiden unterhalb Kowatschewitzas trampeln, an die steilen Hänge oberhalb des Kanina … Nur ein paarmal am Tag wird die idyllische Ruhe durch die riesigen Laster gestört, die zum Abtransport der gerodeten Bäume in die Wälder fahren. Aber die schweren Dreiachser rütteln das Dorf nicht auf. Sie rumpeln nur lästig über das trotzige, unebene Kopfsteinpflaster, das das Dorf in zwei Teile trennt, und verschwinden um die Kurve hinter dem Friedhof, der auf einer kleinen Anhöhe über der Siedlung liegt, in den weit entfernten Wäldern. Der Friedhof ist verwahrlost und ungepflegt. Es gibt nicht mehr viele, die sich um die Gräber kümmern könnten. Die wenigen, die hier noch leben und wohnen, werden selbst bald nur noch Teil des verwilderten Gräberfeldes sein. Die Kapelle ist nicht begehbar und schwer einsturzgefährdet.

»Wohin? Zu Danailow? Ah, zu Goscho. Ja, der wohnt bei den drei Tannen.« Georgi Danailow ist der berühmteste Bewohner des Dorfes. Er ist es, seitdem er sich selbst zu einem Bewohner gemacht hat, damals, Anfang der siebziger Jahre, als er mit ein paar Feunden aus Sofia die fixe Idee verfolgte, sich ein Haus in den Bergen zu kaufen. »Wir waren zu dritt und haben quasi einen Vetrag unterschrieben, ein Haus in den Rhodopen zu kaufen. Und dort auch zu leben. Zwei der drei haben den Vetrag erfüllt, der dritte war ein Verräter.« Danailow lacht. Ein leicht pfeifendes, lungengestütztes Lachen wie von jemandem, der viel geraucht hat in seinem Leben. »Der Verräter kommt jedes Jahr zu Besuch, es gefällt ihm mittlerweile hier, und wir verhandeln jedes Jahr darüber, was für ein Urteil er erhalten sollte, was für eine Bestrafung.« Die Entscheidung für das Leben auf dem Land fiel eher wahllos auf Kowatschewitza. »In gewissem Sinne war es zufällig. Das Strandschagebirge zum Beispiel ist ein wunderbarer Ort, aber relativ weit weg von Sofia. Ich persönlich fahre gerne Ski. In den Rhodopen kann man Ski fahren. Und drittens hatte unsere Vorstellung von einem Haus in den Bergen etwas weichere Umrisse. Wir suchten ein sanftes Gebirge. Und das ist hier eher ein sanftes Gebirge.«

Das Dorf hatte zu dieser Zeit seine besten Tage längst hinter sich. Einst tummelten sich tausendachthundert Bewohner in den engen Straßen und Gassen. Die Baumeister der traditionellen Wiedergeburtshäuser des Ortes waren überregional bekannt und geschätzt. Auf ihrer Arbeit gründeten der Reichtum des Ortes und seine Schönheit. Mauern aus flachen Schiefersteinen, Häuser mit massiven Backsteingrundmauern und reich verzierten

Holzaufbauten, großzügigen Terrassen und soliden Schieferdächern. Kowatschewitza ist ein architektonisches Kleinod. Noch immer. Auch wenn heute mehrheitlich Wochenendgäste, und die vor allem in den Sommermonaten, anwesend sind. Die Sofioter »Kommunarden« hatten nicht nur Erholung im Sinn, bei ihrem Umzug aufs Land in die gemäßigten Berge. »Selbstverständlich war das auch eine Flucht vor dem System. Obwohl die Flucht davor an sich unmöglich ist. Aber hier gab es Dinge, die schöner waren, und in diesem Sinne wurde Kowatschewitza zu einem Leitmotiv in unserem Leben. Ein Freund von uns, der Journalist Iwan Schetschew, wurde zu den Olympischen Spielen 1972 nach München beordert, was für einen Sportjournalisten ein Geschenk des Himmels war. Man stelle sich vor: aus Bulgarien in den Westen zu den Olympischen Spielen zu reisen. Er aber sagte: ›München interessiert mich nicht, ich fahre nach Kowatschewitza.‹ Und er ist tatsächlich nicht nach München gefahren. Kowatschewitza hatte wirklich Magnetfunktion.« Noch so eine Anekdote über das Dorf.

Danailow ist Schriftsteller. Und sein Schreibort ist Kowatschewitza. Sein Haus betritt man durch ein massives Holztor. Wie eine Art Garage öffnet sich das Haus dem Besucher. Links führt eine Holztreppe in die erste Etage, die von einer großen überdachten Terrasse dominiert wird. Überhaupt scheint der zwar überdachte, aber doch offene Raum sehr viel größer zu sein als die Zimmer. Auf unseren ersten Schritten kommt uns Dontscho entgegen, ein junger Bernhardiner, zwei Jahre alt und ordentlich schleimend und anhänglich. Danailow hatte lange einen anderen Bernhardiner als Begleiter in diesem Haus. Er hieß Bari, ein kleiner Grabstein im hinteren Teil des Gartens und einige beeindruckende Zeilen in Danailows Roman »Ein Haus jenseits der Welt« erinnern an ihn. »Für die Leute im Dorf war es nicht unbedingt nachvollziehbar, dass man sich so ein Vieh als Haustier hält. Oft hieß es: ›Goscho, warum hältst du dir so einen großen Hund? Warum hast du dir denn kein Schwein gekauft?‹ Es gab natürlich andere Leute, Joschko zum Beispiel, der den Leuten erklärt hat, dass Bari ein Freund von mir sei. Aber das konnten sie auch nicht ganz nachvollziehen.« Wenn sich jemand im Dorf Hunde hielt, dann waren das Jagd- oder Hirtenhunde. Ein Hund einfach so, ein Hund ohne Nutzwert, war damals schwer denkbar. Der Graben zwischen alteingesessener Bevölkerung und den Kommunarden aus Sofia war riesig. Allerdings gab es »nicht unbedingt dramatische Zusammenstöße«, wie Danailow meint. »Aber es gab psychologische Unstimmigkeiten … Jemand klopft eines Morgens an der Tür. Ein alter Mann, vielleicht fünfzig Jahre alt, Stoitscho hieß er, fragte mich: ›Goscho, kann ich kurz reinkommen?‹ – ›Ja, komm rein.‹ – ›Nein, weil die Leute reden über dich so manche Dinge.‹ – ›Was wird denn über mich gesprochen ?‹ – ›Stimmt es, dass du in deinem Hof Gras ausgesät hast?‹ – ›Ja, das ist wahr.‹ – ›Gut. Ich will dich nicht länger stören.‹ Und er ging.« Nicht weniger deutlich pflegte eine alte *Baba* rituell die Auswärtigen mit den Worten zu empfangen: »Das Sofioter Gesocks ist wieder angereist.«

Mittlerweile ist Danailow zwar noch immer Exot, aber angesichts der reichen Geschäftsleute, die sich heute Paläste aus den ruinösen historischen Hausresten zimmern lassen, wirkt er als Dörfler sehr authentisch. Er gehört dazu, ist nicht mehr wegzudenken aus Kowatschewitza. Steigt man die Treppe nach oben auf die überdachte Terrasse, möchte man das Haus gar nicht mehr verlassen. Die Räume leben und laden ein zu leben, haben eine ungemeine Anziehungskraft und Atmosphäre. Es ist alles ein wenig dunkel, aber auf jedem Zentimeter findet sich ein besonderes Unikat. Links eine Feuerstelle, neben der gemütliche Kanapees und ein Sessel drapiert sind. Ab- und überdeckt mit großmaschigen, bunten Decken. Ein großer Ofen und überall Holz, dunkles, schweres, sattes, schönes Holz. Auf der linken Seite die Zimmer. Kleine Zimmer, eines eingerichtet wie eine kleine Stube mit Büchern, Schriftschnipseln, Zeitungen. Das andere das Arbeitszimmer, in dem auf dem Schreibtisch eine ganze Batterie technischer Geräte versammelt ist, verkabelt, vernetzt, ein Bildschirm, ein Fernseher, Aufzeichnungen, Notizen. Rechts in der Ecke ein Bett mit einer bunten Decke darüber und zentral ein wahrer Schatz von einem Ofen. »Was wollen Sie wissen über Kowatschewitza? – Lesen Sie mein Buch, da steht alles drin. Alles ist genau so geschehen.« Sagts und widmet sich wieder einer der sieben Fernbedienungen in seinem Arbeitszimmer in seinem »Haus jenseits der Welt«, wie der Titel seines letzten Romans lautet.

Georgi Danailow ist ein fröhlicher Zeitgenosse. Er lacht viel und gerne. Kein aufdringliches Lachen, kein Lachen über seine eigenen Witze, vielmehr ein schelmisches Weltlachen, über die Absurditäten des Alltags, hier in seinem Zimmer am Rande der

Rhodopen, und dort draußen, in der Welt. Er zeigt ein Feature über sich, gespickt mit Filmausschnitten und kleinen selbst inszenierten Sketchen. Aber die DVD läuft nicht ganz rund. Nach jeder Unterbrechung fängt der Film von vorne an, und immer wieder muss eine andere Fernsteuerung gefunden werden, warum auch immer. Stunden dauert das.

Danailow ist Schriftsteller. Das war er nicht immer. Sein Arbeitsleben begann als Chemiker in Sofia, als Assistent an der Universität. Sein Großvater ist eine berühmte Persönlichkeit in der politischen Geschichte des Landes, er war Mitbegründer und fünfzehn Jahre lang Abgeordneter und Minister der Demokratischen Partei Bulgariens. Sein Vater, ein »sehr spontaner Mensch«, entschloss sich nach dem Zweiten Weltkrieg bei den ersten Wahlen ebenfalls für die Demokratische Partei zu kandidieren. »Und selbstverständlich hat er zu wenige Stimmen bekommen, weit weniger, als er Unterstützung gehabt hätte« – aber er wurde gewählt. Das Regime ließ alle Abgeordneten, die nach den ersten Wahlen 1947 in der Opposition saßen, inhaftieren oder in Lager deportieren. So auch seinen Vater und seine Familie. Danailow erzählt von den ärmlichen Verhältnissen, in denen er aufgewachsen ist. »Es gab nichts für den Staat, was er uns hätte wegnehmen können.« Er berichtet über die Folter, die sein Vater in den Verhören der Staatssicherheit erlitt, bis er alle Zähne verloren hatte, über das Berufsverbot – sein Vater war gelernter Anwalt – und beginnt plötzlich wieder zu lachen. »Und dann wurde er einfach Maler, wie Hitler.« Dreizehn Jahre dauerte die Haft in Swischtow, dann begann Danailow seine Laufbahn als Chemiker, die ebenfalls dreizehn Jahre dauern sollte. Dann begann er als Dramaturg am Satirischen Theater in Sofia und wurde Stückeschreiber, Drehbuchautor, Schriftsteller. »Ich bin Autor von zwölf Theaterstücken. Sie wurden zwar vor allem in den Ländern des Warschauer Paktes aufgeführt, aber auch in Hamburg. Manche werden sogar bis heute noch gespielt, zum Beispiel in Moskau, weil dort keine Autorenrechte bezahlt werden. Dazu muss ich Ihnen eine Anekdote erzählen: Die Sowjetunion hat die Verträge, die weltweit für Autoren gelten, nicht unterschrieben. Das fanden die russischen Theater und Leser gut. Weil die besten westlichen Autoren gratis übersetzt wurden und auf diese Art und Weise die Augen der russischen Bevölkerung geöffnet wurden für die guten Seiten der Freiheit und der Demokratie.«

Danailow ist eine Institution in seinem Dorf jenseits der Welt. Wenn sich am Abend ein paar Übriggebliebene in der Dorfkneipe neben der Post treffen, wird noch das eine oder andere Lied angestimmt. Und ab und zu sitzt der Meister selbst dabei, ein paar Gramm *Rakia* vor sich im Glas, und dirigiert und singt lauthals mit, alte makedonische und bulgarische Weisen. Die neuen Bewohner, die »Reichen«, die mit ihren Cayennes und Mercedes am Freitagabend die Idylle heimsuchen, stören dabei wenig.

»Hier in Kowatschewitza haben wir uns immer freier gefühlt, und fühlen uns noch immer freier als anderswo. Die Reichen, die jetzt kommen, fühlen sich nur reich.« Das ist ein wesentlicher Unterschied – nicht nur in Kowatschewitza.

»Mutra«: Die Fratze

Was über die Mafia zu erfahren war

Targowischte ist eine idyllisch gelegene mittlere Kleinstadt im Nordosten Bulgariens. Einen höheren, auch internationalen Bekanntheitsgrad genießt sie Dank eines alkoholischen Getränks, das man als »weinhaltig«, aber begrenzt genießbar bezeichnen kann, die Targowischter »Eselsmilch«. Vom Osten kommend erreicht man Targowischte durch ein kleines Gebirge, an dessen Hängen ein paar Trauben für die Eselsmilch reifen. Die Umgehungsstraße lässt den Ortskern links liegen. Man passiert ein abgewracktes Industriegebiet, ein paar Obstgärten, an der Straße werden Äpfel und Selbstgebranntes angeboten. Eine völlig überraschende Neuerung ist der Kreisverkehr, an dessen einem Ausgang ein Symbol des neuen Bulgarien sitzt: eine OMV-Tankstelle. Zuvor überholte uns auf den Serpentinen eine einer Kolonne schwarzer Geländewagen. Kastenartige Nissan Patrol Jeeps rasen ohne Rücksicht auf potenziellen Gegenverkehr an uns vorbei. Die Scheiben verdunkelt. Die Wagen trugen deutsche Kennzeichen, was eine Zeit lang schick gewesen sein soll in »organisierten Kreisen«, sagt man uns später. Weiß lackiert sind die Modelle als UN-Fahrzeuge auf der ganzen Welt bekannt und geschätzt. An der Tankstelle, hinter dem überraschenden Kreisverkehr, treffen wir wieder auf die Kolonne. Ein Fahrzeug blockiert querstehend die eine Zufahrt, der andere Wagen hat sich an der Ausfahrt platziert. Der dritte Wagen steht vor dem Laden. Pinkelpause womöglich. Die Tankstelle ist abgeriegelt. Nichts rührt sich, niemand steigt aus. Ein alter Lieferwagen steht vor der Einfahrt und wartet, bis die Kolonne wieder abzieht. Nach fünf Minuten ist alles vorbei. Die Wagen setzen ihre Fahrt in Richtung Sofia fort. Mit atemberaubender Geschwindigkeit. Die innerörtliche Beschränkung, die auch in Bulgarien gilt, kümmert sie nicht. Die Szenerie hat etwas Gespenstisches. In der Tankstelle weiß man von nichts. Nicht, wer diese Leute waren, woher sie kamen, wohin sie fuhren. Erfrischungen haben sie gekauft, mehr nicht. »Mutri«, meint der junge Tankhelfer, der die Zapfhähne bedient und grinst, fast möchte man schreiben: verlegen. Man kommt nicht häufig so offensichtlich in Berührung mit dem mutmaßlich organisierten Verbrechen in Bulgarien, schon gar nicht als Tourist. Und eigentlich haben wir ja auch nur eine Autokolonne gesehen.

Oft nähert man sich dem Problem nicht mit dem notwendigen Ernst. »Mafia« ist ein Phänomen, das gerne bunt und boulevardesk aufbereitet wird, wenn einmal wieder ein Auftragsmord durchgeführt wurde, wenn man von sogenannten »Geschäftsleuten« hört, die ganze Städte kontrollieren mit einem künstlichen, aber effektiven Versicherungswesen, dem man als ortsansässiger Unternehmer beizutreten hat. An dem Phänomen »Mafia« lässt sich nicht viel ändern. Sie ist ungreifbar, unsichtbar und dennoch präsent. *Mutri* nennt man die Mafiosi in Bulgarien, »Fratzen«. Die Bezeichnung betont das böse Gesicht und die Undurchdringlichkeit und Unsichtbarkeit der Akteure. Dabei gibt es auch bekannte Figuren, Lebendige und Tote. Man gibt den Mafiabossen komische Beinamen wie »Rusnaka« (der Russe), »Japonetza« (der Japaner) oder »Doktora« (der Doktor) und erzählt sich die Geschichten der Clans wie Abenteuergeschichten. Dabei wird freilich die Realität auf absurde Weise verklärt.

Richtet man den Blick auf das sogenannte »konventionelle« Verbrechen, lebt man derzeit nirgendwo sicherer als auf dem Balkan. Eine Studie des UNODC, des Büros für Drogen und Kriminalität, widerlegt eindrucksvoll das Vorurteil, dass man im Südosten Europas gefährlicher lebe als im Westen. In Bulgarien habe man demnach zwar weit mehr Angst, nachts alleine durch einen dunklen Park zu gehen als beispielsweise in einem Land in Westeuropa. Statistisch berechtigter wäre diese Angst allerdings in eben einem dieser Länder. Das Problem auf dem Balkan und auch in Bulgarien ist jedoch das organisierte Verbrechen.

An der bulgarischen Mafia ist nichts romantisch. Zwar macht man sich im Volksmund durchaus lustig über den einen oder anderen Paten, lästert über die Vergangenheit mutmaßlicher Kostgänger des organisierten Verbrechens und giert nach den Sensationsmeldungen von Auseinandersetzungen oder Attentaten in aller Öffentlichkeit und zu publikumswirksamen Stoßzeiten. Anders ist die bulgarische Mafia nicht präsent in Bulgarien. Zumindest tut jeder so, als wüsste er von rein gar nichts. Tatsächlich ist die bulgarische Mafia ein sehr heterogenes Gebilde. Sie verfügt nicht über traditionelle

Strukturen wie beispielsweise die italienische Mafia, und hat auch wenig mit ethnischen oder clanspezifischen Strukturen wie in Russland oder Albanien gemein. Die bulgarische Mafia setzt sich zum Großteil aus Individuen folgender drei Gruppen zusammen: frühere Spitzensportler, vor allem aus Kraft- und Kampfsportarten, Beamte der Staatssicherheit, die einen exklusiven Zugang zu sensiblen Informationen über den repressiven Apparat des sozialistischen Systems hatten, und Mitglieder der Nomenklatura des ehemaligen kommunistischen Staatsapparats.

»Früher waren wir Ringer. Jetzt sind wir Geschäftsleute.« Zwei kurze Sätze, zwei prägnante Aussagen. Sie stammen von Georgi Iliew, Bruder und Erbe des legendären Wassil Iliew, eines der mächtigsten Paten in der bulgarischen Geschichte des organisierten Verbrechens. Die gut vernetzten und vom kommunistischen Staat umsorgten Sportler verfügten nach dem Ende des Kommunismus über gute Kontakte zum ehemaligen Machtapparat, der durch die Wende in Bulgarien nicht wirklich abgelöst wurde. Er benannte sich größtenteils einfach um. In einer ersten, »primitiven« Stufe der Kapitalanhäufung teilten die Exsportler vor allem die Motels und Tankstellen entlang der Transitrouten durch Bulgarien untereinander auf. Die Struktur war streng hierarchisch. Die nächsthöhere Instanz war prozentual an den Gewinnen der Geschäfte beteiligt und bot dafür Sicherheit vor den Exekutivorganen des Staates. Währungsgeschäfte, Prostitution, bewaffnete Raubüberfälle und das Abfangen und Ausrauben vor allem türkischer Gastarbeiter aus Deutschland, die ihr Erspartes nach Hause bringen wollten, bestimmten das Tagesgeschäft. Die Vorgehensweise war rücksichts- und skrupellos. Gleichzeitig stieg man in das lukrative Geschäft des Autodiebstahls ein. Zum einen mittels »Überführung« westlicher Automobile bis nach Russland, zum anderen aber auch auf dem regionalen bulgarischen Markt, was vor allem über »Versicherungen« abgewickelt wurde. Parallel dazu wurde ein perfides Erpressungssystem eingeführt, das privatwirtschaftliche Initiativen abschöpfte.

Nach außen wurde das System vor allem über die Gründung zahlreicher privater Sicherheitsfirmen signifikant. Bereits 1996 gab es zwischen dreitausendvierhundert und dreitausendachthundert legal registrierter Securityfirmen in Bulgarien. Eine immens hohe Rate bei einer Gesamteinwohnerzahl von circa sieben Millionen Einwohnern. Die Unternehmen expandierten nicht nur im Sicherheitsbereich. Die erste Welle der Privatisierungen bot einen optimalen Nährboden für Erpressung und Korruption. Und verbot der Staat einmal eine »Firma«, wie beispielsweise Iliews Sicherheitsfirma VIS-1, gab es wenige Tage später eine neue Versicherungsfirma mit der Bezeichnung VIS-2 und einem etwas umformulierten Tätigkeitsfeld. Von den »klassischen« Feldern der organisierten Kriminalität wie Drogen, Erpressung, Frauenhandel, Hehlerei et cetera scheinen sich einige *Mutri* reingewaschen zu haben. Sie sind »durch die Institutionen« marschiert und heute bei den seriösen Geschäftsleuten angekommen.

Eine weitere Säule der organisierten Kriminalität ist die sogenannte Nomenklatura. Die Seilschaften sind nie verschwunden, sie haben die sehr sanfte Revolution in Bulgarien bestens überlebt und ihre Positionen »privatisiert«. Eine tiefgreifende politische Erneuerung fand nie statt. Auch fehlt dem Land ein »West-Bulgarien«, wie man gerne im Vergleich zu Deutschland sagt. Aber das sagt man auch in den anderen Staaten des ehemaligen Ostblocks. Eine weitere Säule der organisierten Kriminalität ist die einstige Staatssicherheit. 1991 wurden circa siebzehntausend Beamte aus dem Innenministerium entlassen, eine der Maßnahmen zur Zerstörung des repressiven Apparats des kommunistischen Regimes. Während einige in den neuen Sicherheitsfirmen Unterschlupf suchten, machte sich eine andere Gruppe mit dem exklusiven Wissen ihrer früheren Posten selbständig. Vor allem vom Verkauf von Staatseigentum profitiert die organisierte Kriminalität. In den wilden Jahren nach der Wende, aber auch heute noch lassen sich bei Land- oder Firmenverkäufen lukrative Geschäfte machen.

»Andere Staaten haben eine Mafia, in Bulgarien hat die Mafia ihren Staat«, hört man oft seufzend. Der Sorge folgt Gleichgültigkeit. Man kann Bulgarien nicht vorwerfen, dass es nicht ankämpfen würde gegen Korruption. Das wäre allzu einfach und den Vorurteilen folgend, die noch immer mit dem Vorurteil »Balkan« einhergehen. Als sich Ferdinand I. von Sachsen-Coburg-Gotha 1908 auf den Weg machte, den vakanten Posten des Fürsten und späteren Zaren in Bulgarien zu besetzen, schickte ihm eine Berliner Zeitung folgendes Zitat mit auf den Weg: »Nehmen Sie sich nur das Allernotwendigste nach Bulgarien mit. Deponieren Sie alle Wertsachen bei der Coburger Bank. Packen Sie höchstens drei Anzüge, Unterwäsche und Ihr Rasierzeug, mehrere geladene Gewehre, ein Kochbuch, mehrere Pfund Insektizide und ein gebrauchtes Zepter ein. Wenn Sie ankommen, lassen Sie sich einen Vorschuss für das erste Quartal bezahlen.« Ein Großteil der Vorurteile gegenüber Bulgarien oder dem »Balkan« besteht hundertzwanzig Jahre später in leicht modernisierter und euphemisierter Form immer noch. Zumindest was das organisierte Verbrechen angeht, steht man mit der Verfolgung, geschweige denn mit der Aufarbeitung der Geschehnisse der Jahre nach der Wende, tatsächlich noch immer am Anfang. Die *Mutri* machen einstweilen munter weiter.

Der Sommerbulgare

Ein desaströses Gespräch mit dem Schauspieler Samuel Finzi

»Ich sag's Ihnen gleich, das wird kein schönes Gespräch. Ich habe nichts Gutes zu sagen über Bulgarien«, meint Samuel Finzi, noch bevor er die Jacke ausgezogen und einen Kaffee bestellt hat. Nein, über das Land könne man derzeit kaum ein gutes Wort verlieren. Auch wenn er das Land liebt, noch immer innig mit ihm verbunden ist. Unser Thema ist das Land Bulgarien und seine Umstände. Samuel Finzis Biografie streifen wir nur am Rande. Finzi wurde in Bulgarien geboren. Nach Deutschland kam er zufällig, aber er lebt hier schon »über die Hälfte meines Lebens«. Finzi ist in Plowdiw, der Stadt zwischen den drei Hügeln im Süden des Landes, geboren. »Ich bin aber nicht in Plowdiw, sondern in Sofia aufgewachsen. Dennoch habe ich viel Zeit dort verbracht. Wir haben noch auf der Straße Fußball gespielt, im gutbürgerlichen Zentrum Plowdiws. Das gibt es heute nicht mehr. Wo kann man denn heute noch auf der Straße spielen? Ich weiß nicht, wie es zu DDR-Zeiten war, aber wir haben direkt auf der Straße gespielt. Und es war schön.«

Samuel Finzi gehört zur ersten Riege der Bühnendarsteller in der Berliner Theaterlandschaft. Durch zahlreiche Fernsehrollen, ob in »Bella Block«, im »Tatort« oder in zahlreichen Kino- und Fernsehproduktionen, ist er einem breiten Publikum in Deutschland bekannt. Auch in Bulgarien hat er Filme gedreht. Immer wieder. An seiner Meinung ändert das nichts. »Bulgarien ist eine Katastrophe. Die Katastrophe ist die allgemeine Verblödung, die Verdummung, die Gedächtnislosigkeit, eine totale Amnesie. In Bezug auf Geschichte und Gegenwart. Man lebt nur für den Moment, man denkt nicht an die Zukunft, man denkt nicht perspektivisch. Es ist so, als ob es kein Morgen gäbe. Man denkt überhaupt nicht an einen Aufbau, sei es vom eigenen Leben oder vom Leben der Gesellschaft. Man denkt nur an sich und wie ich gerade Spaß habe oder nicht Spaß habe und wie ich den Nächsten vernichten kann.« Mit dem Nächsten ist der Nachbar gemeint. Familie funktioniert in Bulgarien, naturgemäß. Das tut sie überall. Aber der Nächste außerhalb ist schon ein Problem. »Es gibt ein bulgarisches Sprichwort: Hauptsache, es geht dem Nachbarn schlechter als mir. Nicht Hauptsache, mir geht es besser als dem Nachbarn, sondern viel schlimmer. Wie es mir geht, ist unwichtig. Ich entdecke mit Bedauern, dass der Bulgare an sich anscheinend ein sehr unsoziales Wesen ist. Er denkt nur an sich und zwei um ihn, die Familie plus Verwandtschaft.«

Samuel Finzi schimpft nicht nur, er echauffiert sich. Wie bulgarische Thomas-Bernhard-Tiraden klingt das phasenweise. Aber er scheint offensichtlich sehr bewegt. Das Land besucht er noch, auch wenn er stark distanziert wirkt. »Klar bin ich noch in Bulgarien. Aber seit ein paar Jahren habe ich den Enthusiasmus für Bulgarien aufgegeben. Er ist mir entwischt. Vorher war er da. Ich habe sogar mit dem

Gedanken gespielt, wieder nach Bulgarien zu gehen. Aber mein Zentrum ist Berlin.« Dabei hätte es auch Paris oder sonst wo sein können. Finzi hat eine weit verzweigte Verwandtschaft auf der ganzen Welt. Er spricht mehrere Sprachen. Deutsch hat er im Grunde auf der Bühne gelernt.

»Nach Berlin bin ich eher zufällig gekommen und ich habe nie damit gerechnet, einmal in Deutschland zu landen. Ich war der deutschen Kultur nie so zugewandt, eher der französischen. Wir sind sephardische Juden und eher dem romanischen, spanischen Sprach- und Kulturraum zugewandt als dem jiddischen.« Finzi besuchte die Schauspielschule in Sofia, »zufällig«, wie er sagt, und vielleicht auch ein bisschen genetisch, weil auch sein Vater Schauspieler ist. Zurzeit habe dieser aber »keinen Bock mehr drauf. Er spielt lieber Geige, und das sehr gut.« Finzi mag nicht über Biografie und Herkunft reden, es geht zum späten Frühstück nur um Bulgarien. Er ist schwer zu bremsen. »Es wundert mich immer mehr, wie katastrophal die Zustände sind und wie eine ganze Generation mehr oder weniger hops gegangen ist. Ich meine die Generation meiner Eltern, vor allem meiner Mutter. Sie werden heute behandelt, als ob es sie gar nicht gegeben hätte, vollkommen asozial. Das ist eine Bande korrupter Idioten, die das Land immer noch regiert. Ob in der Opposition oder an der Macht, da gibt es überhaupt keinen Unterschied, es nimmt einfach kein Ende. Ich weiß nicht, was da passieren muss.« Es schwingt Resignation mit, auch Verzweiflung, vor allem aber Wut. Wahrscheinlich würden viele Bulgaren diesen Zitaten zustimmen, insgeheim. Nach außen hin deklariert man derartige Äußerungen als »Nestbeschmutzung«.

So war es beispielsweise mit Ilija Trojanows »Hundezeiten«, einem aufrichtigen und fundierten Rundumschlag über die bulgarischen Verhältnisse zu und nach der Wende. Selbst fiktionale Texte wie der großartige Roman »Mission: London« von Alek Popov werden unter einem derartigen Blickwinkel rezensiert und diskutiert. Letztes Beispiel in dieser Reihe ist die Auseinandersetzung mit der Skulptur »Entropa« des tschechischen Künstlers David Cerny, angefertigt für das Europäische Parlament in Straßburg, in der Bulgarien durch eine Ansammlung von Stehtoiletten dargestellt wird. Nach offiziellen Protesten der bulgarischen Regierung wurde ein schwarzes Tuch über den bulgarischen Teil der Collage gehängt. Immerhin vierhundertsechzig Menschen protestierten in Sofia gegen diese »Zensurmaßnahme« der Regierung. Abseits solcher Meldungen und gelegentlicher Mafiamorde verwendet man für Bulgarien noch immer gern das abgenutzte Bild des »weißen Flecks« auf der europäischen Landkarte.

»Der weiße Fleck! Ja, selber schuld. Geh doch mal in das bulgarische Kulturzentrum, sieh dir an, wie das dort aussieht. Du glaubst, du lebst in den Siebzigern. Ich habe keinerlei Erklärung dafür. Ich bin sprachlos und staune, dass es so weitergeht, wie es immer war. Dass da keine frische Luft reinkommt. Da lädt man irgendeinen Künstler aus irgendeinem Dorf mit seinen Heimatbildern ein, dazu ein bisschen Folklore, aber was soll das denn bitte?« Auswärtige bulgarische Kulturpolitik ist so gut wie nicht vorhanden. Ab und zu gibt es eine Lesung mit einem Schriftsteller, der sich gerade mit einem Stipendium in Deutschland aufhält, oder ein Konzert mit den rätselhaften bulgarischen Kehlstimmen »Le Mystère des Voix Bulgares« – ein allerdings ganz großartiger Chor. Die finanziellen Möglichkeiten sind begrenzt, das ist offensichtlich, der Ideenreichtum ebenso.

Auf einer Veranstaltung in der bulgarischen Botschaft, bei der der Honorarkonsul aus Hamburg ein interessantes kleines Buch vorstellt, wird vielen Besuchern schnell langweilig. Zu Beginn ist der Vortragssaal prall gefüllt, am Ende sitzt nur noch ein Drittel der Gäste auf ihren Plätzen und lauscht der Lesung. Darunter durchaus hochstehende Ehrengäste. Die Tür wird immer wieder geöffnet, Telefone klingeln, Lärm und Rauch ziehen in den Saal. Man hat unterdessen eigenmächtig das Buffet eröffnet und frönt dem eigentlichen Anliegen des Kommens, dem Essen und Trinken. Kein sehr überzeugendes Beispiel vielleicht, denn eine Prise Anarchie ist bei derartigen Veranstaltungen nichts Ungewöhnliches. Wichtiger hier ist allerdings der mangelnde Respekt, die mangelnde Anerkennung.

Auf die Frage, ob sich Samuel Finzi ein Leben in Bulgarien vorstellen könnte, gibt er eine klare Antwort: »Wozu soll ich zurückkehren? Um dann auch noch beleidigt zu werden als ›Sommerbulgare‹, der sein Geld im Westen verdient und dann in Bulgarien ›billig‹ Urlaub macht. Dabei ist es erstens nicht mehr billig und zweitens würde eine ganze Generation ohne dieses Geld nicht überleben, weil die sogenannten Auslandsbulgaren diese Generation ernähren, sonst wären die tot. Meine Mutter lebt von einer Rente von circa sechzig Euro. Damit kann man auch in Bulgarien nicht überleben. Die Leute würden ohne die Unterstützung der Kinder schlichtweg sterben. Ich habe keine Worte dafür. Es ist nicht nur erniedrigend, es ist einfach unmenschlich. Ich verstehe nicht, dass die Menschen nicht schon die Steine aus dem Boden gerissen haben und auf die Barrikaden gegangen sind. Das kapier ich nicht.« Bulgarien gehört zu den ärmsten Ländern in der EU. Das Durchschnittseinkommen liegt noch immer unter zweihundert Euro. Der Braindrain des Landes ist immens. Zwar gibt es Hoffnungsschimmer, einige wenige engagierte junge Leute, die nach ihrer Ausbildung im Ausland nach Bulgarien zurückkehren, um die Zukunft des Landes mitzugestalten. Aber das sind Ausnahmen.

Schließlich kommen wir doch noch auf ein paar positive Aspekte, ein paar Lichtblicke vielleicht. Aber sie beschränken sich aufs Private. »Natürlich gibt es positive Leute, und es gibt eine ganz eigene Wärme, aber das betrifft Freunde und Menschen, die ich kenne. Und es gibt natürlich außerordentliche Momente, Zufälle, ganz spontan, es passieren Dinge, die woanders wahnsinnig lange Zeit bräuchten. ›Den Zufall nutzen‹ ist so ein bulgarisches Ding, das man auch positiv sehen kann.« Aber damit hat sich's dann auch schon wieder. Samuel Finzi liebt sein Land, das Land, aus dem er stammt, keine Frage. Mögen kann er es nicht.

»Eines der größten Probleme ist, dass sich in Bulgarien so etwas wie eine sekundäre Kultur aufbaut. Man macht es wie im Westen und orientiert sich ausschließlich daran. Nicht nur das Positive, sondern auch das Negative. Diese Geschmacklosigkeit, das ist alles wie dort. Es gibt nichts Eigenes, nichts Originäres.«

Ein Rundumschlag, fürwahr. Vieles lässt er ungesagt, was Bulgarien lebens- und liebenswert macht. Und das wohl ganz bewusst. Aber seine Anmerkungen sind eminent wichtig für das Verständnis des heutigen Bulgarien, für die Zerrissenheit und in gewisser Weise Ausweglosigkeit, die Sackgasse, in der sich das Land befindet. Kein schönes, aber ein unerlässliches Gespräch.

»Destination: Bulgaria«

Auf verschlungenen Wegen mit dem Bus nach Bulgarien

Die Fahrziele oder »Destinations«, wie sie auf den Anzeigetafeln ganz international bezeichnet werden, unterscheiden sich auf den ersten Blick unwesentlich von einem Flughafen: Oslo, Hamburg, Kiew, Paris, Warna steht da auf Bildschirmen in gelber Pixelschrift zu lesen. Nur die Tafeln sind um einiges kleiner. Sie wirken billig. Und es stehen andere Ziele in den Zeilen, Ziele, wo wahrscheinlich auch in absehbarer Zeit kein günstiger Ferienflieger landen wird, wie zum Beispiel »Bad Sachsa/Harz« oder »Fichtelgebirge«. Eine Destination führt direkt zum »Oktoberfest« und startet um siebzehn Uhr aus Gate dreizehn. Der ZOB, das steht für Zentraler Omnibus-Bahnhof, ist ein seltsamer Ort in Berlin. Eine Plattform inmitten eines Geflechts von Straßen und Betonbahnen neben dem Messezentrum und dem Funkturm. Mit dem Flughafen hat er gemein, dass es ein kalter, funktionaler Ort ist. Die leeren, in schreiendem Orange gehaltenen U-Bahn-Unterführungen erinnern an Kulissen für filmische Verfolgungsjagden oder Gewaltverbrechen. 1966 wurde der ZOB eröffnet, es gibt mittlerweile einen neuen Warteraum mit einem Datenbildschirm und wenigen Wartenden. Keine Fressbudeninfrastruktur, keine Nippesläden. Niemand scheint jemanden abzuholen, niemand scheint jemanden zu verabschieden. Hier treffen sich Reisegruppen und Zielreisende ohne Anhang. Ein Zweckbündnis an einem Funktionsort. Jährlich werden zweiundsechzigtausend An- und Abfahrten registriert.

Früher war so ein ZOB einmal ein Flughafen der kleinen Leute. Heute fliegt man oft billiger, schneller und direkter in die Städte, die hier von den Buslinien bedient werden. Der Busbahnhof, ein Auslaufmodell? Nicht ganz. Seitdem Interrail zu einem nationenspezifischen Spartenbahnprogramm verteuert wurde, ist die Busfahrt keine Domäne der Kaffeefahrten-Generationen mehr. Es pendeln immer mehr junge Leute via Bus durch Europa. Studenten, Reisende mit Zeit und vor allem viel Gepäck, Flugparanoiker und Arbeitsmigranten, die so wenig wie möglich ihres in Zentraleuropa schwer erarbeiteten Geldes in den Arbeitsweg investieren wollen. Und seit der Öffnung nach Osteuropa ist die Busfahrt zu einem veritablen Geschäft geworden. Trotz steigender Ölpreise und Billigflieger. In Osteuropa ist der Bus noch immer das zuverlässigste und häufigste Fortbewegungsmittel.

Auf dem Fahrzeug steht »Karat-S«, das ist der Name einer Firma, die für eine andere Firma fährt, die für eine andere Firma Tickets ausstellt. So verdienen mehrere Menschen an einem Auftrag. Die Firmenbezeichnung steht in Latiniza und Kyrilliza auf dem Bus. Die Richtung ist die gleiche. Wohin man fährt oder woher man kommt, je nachdem.

Es ist relativ früh am Morgen, an einem Feiertag. Die »Gates« sind um diese Zeit leer. Nicht einmal vereinzelt verirren sich Gestalten zwischen die

Betonsäulen. Nebenan wartet ein Bus der »Sonnenschein-Reisen« auf Fahrgäste nach Kühlungsborn. Versprengte Reisegruppen warten auf den Transport ins Fichtelgebirge. Einige Städtebusse fahren vor, Düsseldorf, Frankfurt steht auf den Hartplastikschildern vor den Beifahrersitzen hinter den bulligen Frontscheiben.

Um zehn Minuten vor acht wird der Motor angeworfen. Unser Bus steht an Gate sechsundzwanzig. Die Digitaluhr im Bus zeigt bereits Sofioter Zeit an, weil wir dorthin wollen und dort sein werden, in avisierten sechsunddreißig Stunden, plus einer Stunde Zeitverschiebung in Richtung der aufgehenden Sonne. Die Frontscheibe ist nicht geputzt. Wahrscheinlich war keine Zeit mehr nach der Ankunft am Vorabend. Der Bulgarien-Express fährt zweimal in der Woche von Berlin nach Sofia und zurück. Ein Mammutprogramm. Die Fahrer drängen zum Einsteigen und werfen ihre brennende Kippe aus dem Fahrzeug, kurz bevor die Tür sich schließt.

Die ersten Meter, das Zubringergewirr um die Berliner Messe. Plötzlich steht an der Ampel ein Bus neben uns, ein »Wörlitz Tourist«, in dem eine ältere Dame noch älteren Damen und Herren mittels eines Mikrofons etwas erklärt. Womöglich den Funkturm, neben dem ein großes Plakat als Ankündigung für die nächste Sex-Messe prangt. In unserem Bus nimmt niemand das Mikrofon zur Hand. Wir sind fünf Fahrgäste und zwei Busfahrer. Der Jüngere der beiden flirtet penetrant mit einer jungen Studentin, die nebenbei Walkman hört. Nächste Station Leipzig. Noch hundertvierundsiebzig Kilometer. Haltestellen zur Aufnahme von Fahrgästen sind nur in

Deutschland geplant. Leipzig, Dresden, Chemnitz, Nürnberg, dann lautet der nächste planmäßige Halt bereits Sofia. Eineinhalb Tage später zwar, aber die Verkettung der Haltestellen suggeriert eine schnelle, direkte Fahrt. Sie wird es nicht sein. Vor allem nicht durch Deutschland.

Erster Halt bei Brehna. Da wo es eine Autobahnkirche gibt und das Industriegebiet auf dem freien, öden Feld in den letzten Jahren immens gewachsen ist. Wir halten auf einem leeren Parkplatz vor dem »Prima Einkaufsparadies« PEP neben »Tier total« und fahren gleich wieder ab. Fünf Minuten später haben wir unseren ersten Pausenhof auf einem Lkw-Parkplatz gefunden. Er ist voll besetzt. Es ist Feiertag in Deutschland, Lastwagen dürfen nur mit Ausnahmegenehmigung verkehren. Um 11.01 Uhr Sofioter Zeit, vierzig Minuten für drei Zigaretten. Bis auf einen schweigsamen jungen Fahrgast raucht der ganze Bus mehrfach in den Pausen. Rauchpausen-Stop-and-Go auf den Balkan. Eine Stunde später: Leipzig, und schon wieder dreißig Minuten Pause. Ab Leipzig werden die Flachbildschirme heruntergeklappt. Die blaue Digitalanzeige über den Fahrern hat neue Zeichen bekommen, offensichtlich gibt es doch eine funktionsfähige Toilette an Bord. »Malka Nuschda« – nur für das kleine Geschäft, zischelt der Beifahrer durch die Reihen. Auch eine Temperaturanzeige leuchtet auf, langsam erwachen der Bus und sein intrinsisches Technikgeflecht zum Leben.

Der erste Film. Es läuft »München 1972« von Steven Spielberg. Allerdings ohne Ton und mit bulgarischen Untertiteln, die so klein sind, dass man sie suchen muss.

Eine junge, schüchtern wirkende Frau steigt ein. Sie wird als Einzige von der Familie zum Bus begleitet. Ein junges Mädchen sagt »Tschüss, Nad« und »Komm, Papa, wir gehen noch winken«. Die beiden rennen neben dem Bus her und schwenken Taschentücher. Sie schaffen es fast bis zum Leipziger Hauptbahnhof. »Nad« ist übrigens die Einzige auf der ganzen Hinfahrt, die hin und wieder ein Deodorant und ein Parfum benutzt. Doch zu den Gerüchen kommen wir später. Je länger man fährt, desto intensiver riecht man. Eine Binsenweisheit, die auf relativ engem Raum ohne Fensteröffnung zum Lüften ein wenig banal daherkommt. Ergänzen muss man, dass auch die Selbstwahrnehmung massiv unter der Geruchsverschiebung leidet. Was die Gesamtsituation wieder erträglicher erscheinen lässt. Zumindest theoretisch. Der Bus torkelt durch Mitteldeutschland.

14.30 Uhr. Dresden. Wieder steigen drei Fahrgäste zu. Als Handgepäck dienen Plastiktüten. Marktkauf, auch PLUS. In Bulgarien kann man Plastiktüten mit den Schriftzügen westlicher Markenartikel und Handelsketten an Ständen in den Innenstädten noch käuflich erwerben. In Bulgarien ist eine Plastiktüte mit dem Aufdruck »Cartier« bereits Statussymbol. Auch BILLA galt einige Zeit als angesehene Tragetüte. In der Zeit, als landesweit die ersten BILLA-Supermärkte eröffneten und man das noch für einen exklusiven Laden hielt. Die Plastiktüten hängen an den Ständen neben der Uni in Sofia ebenso wie auf Wochenmärkten. Und Tragetaschen aus Plastik mit einem westlichen Konsumemblem sind weiterhin etwas Besonderes. Im Film »München 1972« wird eine

Laufschrift eingeblendet, dass es sich um eine Demokopie (»for awards consideration only«) handelt und dass eine öffentliche Ausstrahlung untersagt ist. Diese Busfahrt ist privat. Der Raubkopienmarkt floriert in Bulgarien noch immer. Auf dem zentralen Büchermarkt am Slawejkow-Platz in Sofia versucht man zyklisch, den Handel mit kopierten DVDs oder MP3-Compilations zu unterbinden. Mit mäßigem Erfolg. Zwar dominieren heute wieder Bildbände, Ratgeber und Schulbücher die Auslagen der Klapptische und der Handel mit den silbernen kopierten Scheiben beschränkt sich auf einzelne Vertreter mit DIN-A4-Ordnern. Die Nachfrage ist jedoch ungebrochen. Nach zehn Minuten Wartezeit bringt ein Kurier die Scheibe vorbei, die in einem kleinen Kabuff in den umliegenden Häusern gebrannt wurde. Viele verbringen die Wartezeit mit einem Kaffee bei McDonald's.

15.15 Uhr. Die Klappbildschirme verschwinden leise surrend im Dach. Die erste unautorisierte Aufführung ist beendet.

15.30 Uhr. Chemnitz OBHF. Der erste große und repräsentative Busbahnhof seit Berlin. In Chemnitz scheint man noch häufig Bus zu fahren. Auch hier gibt es »Gates«, überdacht und mit Sitzgruppen bestückt. Und es gibt ein paar wenige Wartende, die viel Gepäck mitbringen. Eine Steppbettdecke und mehrere Koffer werden verstaut.

Eine kreppeisenblonde Dame hat sich für die Fahrt extra in Schale geworfen, so scheint es. Sie trägt eine weiße Bluse und einen schwarzen Spitzenrock und ist stark geschminkt. Eine typische Projektionsfläche für viele Vorurteile. Hinter ihr steigt das nächste Abziehbild in den Bus. Ein typisch deutsches

Vorurteil. Es ist der erste Bierfahrer. Er heißt Jörgi und setzt sich hinter mich. Er wird auf der Fahrt ausschließlich Bier konsumieren. In rauen Mengen. Und immer wieder aufstoßen. Um 15.38 Uhr surren die Bildschirme für den zweiten Film nach unten. »Blow«, auf Bulgarisch »Droga«, wird gezeigt, mit Johnny Depp und Penélope Cruz in den Hauptrollen. Um 16.41 Uhr stehen rechts neben der Autobahn ein paar Rehe. Hinter mir öffnet Jörgi zischend die nächste Bierdose.

Der Busbahnhof Nürnberg schlingt sich um ein silberfarbenes, modernes Glas-Stahl-Gebäude, das so dasteht wie eine Frau, die angewidert ihren Rock ein wenig anhebt, weil sie durch eine Pfütze waten muss. Der Platz ist vollgemüllt. Leere Kanister, die einmal Scheibenwaschwasser enthielten, stehen neben den überlaufenden Mülleimern. Ein Bulgare meint auf dem Klo, das den metallenen abspritzbaren Autobahnklos ähnelt, dass man hier doch wirklich nicht »reinscheißen« könne. Ein Geschäft bietet Spezialitäten vom Balkan an. Im Picknick Pide No. 2 prangt auf der Glasscheibe zwischen der deutschen und der bulgarischen Flagge das Sonderangebot für Döner Kebab. Eine angeblich bulgarische Spezialität. Das ist neu. Es kursiert die Geschichte, dass einem Reisenden nur wenige Stunden zuvor der Koffer entwendet wurde, während er kurz die Toilette aufsuchte. Er habe allerdings schon ein wenig getrunken gehabt. Sagt man. Aber Koffer weg: alles weg. Und die meisten Fahrgäste beeilen sich, zurück in den Bus zu kommen, um ihr Handgepäck zu beaufsichtigen. Vielleicht hatte der Mann seinen Koffer aber auch einfach vergessen.

Um 19.41 Uhr, nach fünfundvierzig Minuten Beine vertreten in Nürnberg, Abfahrt. Noch dreiundzwanzigeinhalb Stunden bis Sofia. Überraschender Halt in München. München steht offiziell nicht auf dem Fahrplan. Dennoch steigen hier viele Reisende zu. Ungeplant viele. Da ein Bus nach Niš ausgefallen ist, wird kurzfristig umdisponiert. Die Niš-Reisenden fahren mit uns mit und werden achtzehn Stunden später irgendwo in Serbien am Straßenrand ausgesetzt. In München ist noch Oktoberfest. Der Busbahnhof ist kalt und grau, das Untergeschoss eines Parkhauses mit U-Bahn-Anschluss. Betrunkene säumen die Säulen und klatschen gegen die Glastüren der Imbissbude. Nebenan leuchtet das Fußballstadion wie ein aufgeblasener Autoreifen farbenfroh in die Nacht.

Die Kälte der Busplätze wird offensichtlich. Kaltbetongraue Menschenumschlagplätze, das einzig Farbenfrohe sind im Fall München neben dem Stadion die Gepäckstücke der Reisenden: Holzlatten in bunten, überdimensionalen Plastiktaschen, die je nach Vorurteil als Jugo-Bags oder Chinataschen bezeichnet werden, Kartons, in denen früher einmal CD-Player oder Fernseher ausgeliefert wurden, eingeschnürt in braunen Packkleber. Tiger-Leggins und Ballonseide steigen zu, aber auch Politikstudenten, die Praktika in Serbien und Makedonien antreten. Der nächste Film. Es ist 23 Uhr, Ashton Kutcher und Cameron Diaz werden angekündigt.

00.59 Uhr. Tankstopp bei Salzburg. Bei dreihundertfünfunddreißig Litern stoppt die Anzeige der Tankstellenzapfanlage erstmals. Das müsste bis Sofia reichen. Knapp über zweitausend Kilometer legt der Bus zurück. Der Durchschnittsverbrauch liegt bei fünfunddreißig Litern. Man braucht zwei volle Tanks für eine Strecke. Ein dritter Fahrer steigt zu. Das Fahren ist unspektakulär und sicher. Keine waghalsigen Manöver, nur ein bestimmtes Auftreten auf der Straße. Aber so ein Bus ist groß.

Die Biersäule hinter mir grunzt sich langsam in den Schlaf. Die Ausdünstung nimmt mit der Dunkelheit zu. Es gibt keine Ablenkung mehr. Das Leselicht wird selten genutzt.

Die Nacht zerstört die ermüdeten Gesichter noch ein wenig mehr. In der Dunkelheit, bei den wenigen Stopps in Slowenien, der Außengrenze der EU, fällt das noch nicht so auf. Man hält sich in den Schatten der Neonbeleuchtung auf. Auf den Toiletten sieht man sich nicht an. Die Gespräche finden im Schatten des Busses statt. Es wird gesprochen, gesagt wird wenig. Kniebeugen macht keiner. Schlafen. Ich bin von hinten ausreichend benebelt. Jörgi muss erstaunlich selten auf die Toilette. Er schnarcht. Das war zu erwarten.

5.00 Uhr. EU-Außengrenze Slowenien-Kroatien. Der slowenische Zöllner geht durch die Reihen. Ein breites, fleischiges Gesicht, das die aufgeschlagenen Pässe begutachtet. Aber anders als bei den Gesichtskontrollen, die bei den folgenden Grenzen und vor allem auf der Rückfahrt durchgeführt werden, begutachtet er die Dokumente wie ein Briefmarkenprüfer sehr akribisch. Er achtet lediglich auf Wasserzeichen und alle eingebauten Echtheitszertifikate. Kein Blick auf die Fotos und auf die Identität. Die kroatische Seite lässt die Pässe vom Busfahrer einsammeln. Es regnet in Strömen. Durch *Ulaz 7*, Ausgang sieben, geht es nach Kroatien. Die Grenzübergänge ähneln in gewisser Weise den ZOBs. Graue Säulen, lichtgraue Dächer. Aber sie machen selbst in der Nacht einen überraschend hellen, fast freundlichen Eindruck. Die Gesichter hingegen werden immer verschlossener.

09.20 Uhr. Kroatische Ausreisegrenze. Die Autotransporter befördern immer häufiger Gebrauchtwagen neuerer Bauart. Da ist schon mal eine neue Mercedes-Baureihe darunter oder ein Jahreswagen-Passat. Die Einzeltransporte, wo ein Privatwagen mit einem Autoanhänger die Heimreise aus Zentraleuropa antritt, werden immer seltener. Gebrauchte Westwagen verkaufen sich noch immer ganz gut auf dem Balkan.

Seit München ist eine Kleinfamilie mit zwei Kindern an Bord. Zum Frühstück gibt es Chips und Cola. Die Proviantressourcen sind langsam aufgebraucht.

10.02 Uhr. Nach einer Stunde Prüfung bekommen wir unsere Pässe von der serbischen Einreisekontrolle wieder. Es wurden ausschließlich die deutschen Pässe einbehalten. »Die kommen nie in die EU«, mosert Jörgi, der seit einem kroatischen Zwischenhalt seine Bierfahne wieder aufgefrischt hat. Er humpelt ein wenig und erklärt das mit Verspannungen beim Sitzen. Sein Alkohol- und Zigarettenkonsum lassen eher auf einen regulären Gichtanfall schließen. »Schau ihn dir an, den fetten Sack.« Jörgi meint einen serbischen Zollbeamten, »die Sau«.

Dimitar aus Plowdiw fährt mit dem Bus, weil man vor ein paar Wochen zwei angebliche Terroristen aus einem Flugzeug in Köln geholt hat. Ansonsten fahre er vor allem des Preises wegen und weil es eigentlich schön sei und so viele Hauptstädte auf dem Weg liegen. Von den Hauptstädten sieht man wenig. Nur durch Belgrad fahren wir mehr oder weniger direkt hindurch. In der Ferne kann man den Kalemegdan erkennen. Dimi ist Dozent an der TU München. Er fährt nach Bulgarien, um seine Familie nach München zu holen. Zurück geht es mit dem Auto. Von München aus ist der Bus die günstigste Möglichkeit, nach Bulgarien zu kommen.

Zum Frühstück flirrt ein Splatter über die Bildschirme. »Shoot 'Em Up« – Guten Morgen.

12.04 Uhr. Belgrad in einer Nebelsuppe. Das graue Wetter unterstützt den Eindruck der Ödnis der Stadt, die doch so lebensfroh und bunt sein kann. Viel Müll, Hygieneartikel wie Zahnpasta und Bürsten liegen auf dem nächsten Raucherparkplatz. Daneben ein Spielplatz mit angekündigter Aufsicht, deren Verschlag verschlossen ist. Es gibt Busduschen und einen Security-Menschen. Er raucht, wie auch alle Buspausierenden neben den Zapfsäulen. Wir haben Europa definitiv verlassen, auch wenn das Rauchen neben den Zapfsäulen vielleicht wenig mit Europa an sich zu tun hat. In Deutschland würde man wahrscheinlich postwendend verhaftet werden. Zumindest, was Bestimmungen auf Tankstellen betrifft.

Um 15 Uhr passieren wir Niš und lassen unsere »Anhalter« aus München auf dem freien Feld im Nirgendwo aussteigen. Irgendjemand wird sie abholen. Irgendwie werden sie Makedonien erreichen, wahrscheinlich mit einem Bus ohne Toilette und surrend herausklappbaren Bildschirmen. Die Landschaft wird gebirgig und fast malerisch. Die Sonne beleuchtet die Szenerie mit einem stark untergehenden Gelb, hinter Niš hält der Fahrer kurz, um ein wenig Sprit, diesmal in Flaschenform, aufzunehmen. Kruškovac wird vermutet, Birnenlikör. Es folgt einer der schönsten Abschnitte, eine imposante Schluchtenfahrt durchs Gebirge. Alte verwahrloste Fabrikgebäude lassen einen an eine Kulissenlandschaft aus einem Karl-May-Film denken. Karl May war freilich nie auf dem Balkan, und die Winnetou-Filme wurden in Kroatien gedreht. Wie Wäsche hängen die Paprika zum Trocknen an der Leine, oft in der zweiten Etage, dort, wo irgendwann einmal ein Balkon angebaut werden soll. Es ist noch Erntezeit. Futtermais wird eingeholt, Kohlköpfe stehen in voller Pracht auf den klein parzellierten Feldern, Hauswein wird gelesen.

Die Einfahrt nach Sofia ist selbst für Bulgaren schockierend. »Was bekommt man da nur für einen Eindruck?«, heißt es, während wir eine Brücke passieren, neben der eine Anhäufung zusammengeschusterter Bretter und Wellblechhütten eines Romaweilers wie angeklebt liegt. Am Busbahnhof, einem neuen, sehr modern wirkenden Glas-Stahl-Gebäude, fahren wir rechts vorbei. Aber Menschen sind da. Viele Menschen, die einen freundlich willkommen heißen. Endlich zu Hause.